D1774645

El Libro de Oro

Saint Germain

El Libro de Oro

México ♦ Miami ♦ Buenos Aires

Contrariamente a lo que se ha venido diciendo respecto a que el Maestro Saint Germain ha dejado una prohibición de divulgación de su enseñanza, tenemos el gusto de referir al estudiante al capítulo XXIX, tercer párrafo, que dice textualmente: "Yo apreciaría profundamente toda la asistencia que los estudiantes bajo esta radiación puedan dar para que mis libros se editen y sean puestos ante la humanidad, porque éste es el más grande servicio que se puede dar en el presente".

El libro de oro
Saint Germain

D. R. © Editorial Lectorum, S. A. de C. V., 2012
Batalla de Casa Blanca Manzana 147 A Lote 1621
Col. Leyes de Reforma, 3a. Sección
C. P. 09310, México, D. F.
Tel. 5581 3202
www.lectorum.com.mx
ventas@lectorum.com.mx

Primera reimpresión de la segunda edición: abril de 2015

ISBN: 978-607-457-239-1

D. R. © Traducción: Laura López
D. R. © Portada: Lucero Elizabeth Vázquez Téllez

Características tipográficas aseguradas conforme a la ley.
Prohibida la reproducción parcial o total sin autorización escrita del editor.

Impreso y encuadernado en México.
Printed and bound in Mexico.

CAPÍTULO I

Dios en acción es la vida en todas sus actividades y dondequiera que se manifieste. La falta de conocimientos en la forma de emplear el pensamiento-sentimiento es lo que provoca que los humanos estén constantemente obstaculizándole el paso a la Esencia de Vida. Si no fuera por esta causa, la vida expresaría su perfección con toda naturalidad y en todas partes.

El amor, paz, belleza, armonía y abundancia son las tendencias naturales de la vida. A ella le es indiferente quien las utilice y constantemente está surgiendo para revelar de más en más su perfección, siempre con ese impulso vivificante que le es propio.

YO SOY

Yo soy es la actividad de la vida. ¡Resulta extraño que los estudiantes más sinceros no siempre lleguen a entender el auténtico significado de esas dos palabras!

En el momento que tú dices *Yo soy*, creyéndolo, abres la fuente de la Vida Eterna para que corra sin impedimentos a lo largo de su camino; es decir, le abres una amplia puerta a su flujo natural. Cuando dices *Yo no soy*, tiras la puerta en plena cara de esta Magna Energía.

Yo soy es la plena actividad de Dios. Te he colocado frente a frente infinidad de veces la Verdad de *Dios en acción*. Quiero que comprendas que la primera expresión de todo ser individualizado en cualquier parte del Universo, bien sea en pensamiento, sentimiento o palabra, es *Yo soy*, reconociendo así su propia victoriosa divinidad.

El estudiante, al tratar de comprender y aplicar estas potentes aunque sencillas leyes, tiene que mantener una guardia estricta sobre su pensamiento y expresión, ya que cada vez que uno piensa o dice *no soy, no puedo* o *no tengo* está ahorcando la Magna Presencia Interior, consciente o inconscientemente y en forma tan tangible, como si se colocaran las manos alrededor del cuello de alguien; sólo que con respecto a una forma exterior, el pensamiento puede hacer que la mano lo suelte en cualquier momento, mientras que cuando uno hace una declaración de *no ser, no poder* o *no tener* se pone en movimiento la energía ilimitada que continúa actuando hasta que uno mismo la ataja y transmuta la acción.

Esto te mostrará el enorme poder que tú tienes para calificar, determinar u ordenar la forma en que quieres que actúe la gran energía de Dios. Y te digo, amado estudiante, que la dinamita es menos peligrosa. Una carga de dinamita sólo desintegrará tu cuerpo, mientras que *los pensamientos ignorantes lanzados sin control ni gobierno atan a la rueda de la reencarnación indefinidamente*,[1] o sea que, mientras dure un decreto sin atajar, sin transmutar o disolver, continúa imperando *per sécula seculorum,* ¡y por disposición del propio individuo!

Por esto verás cuán importante es que tú sepas lo que estás haciendo cuando usas expresiones incorrectas sin pensar, ya que estarás empleando el más potente y divino principio de actividad en el universo, o sea, el *Yo soy.*

No entiendas mal. No se trata de una expresión o idea oriental, extranjera, vana, liviana ni de ninguna exageración. Se trata ni más ni menos que del más alto Principio de Vida usado y expresado a través de todas las civilizaciones que hayan existido. Recuerda que lo primero que toda forma de vida consciente de sí misma expresa es *Yo soy.* Es mucho más que *yo existo.* Es después, en su contacto con lo exterior, con actividades incorrectamente calificadas, que él comienza a aceptar cosas menores que *Yo soy.*

Ahora ves, amado discípulo, que cuando tú dices *yo estoy enfermo* estás deliberadamente interviniendo la perfección natural que encierra el proceso vital. ¿No ves que lo estás bautizando con algo ajeno que jamás poseyó?

A lo largo de interminables centurias de ignorancia e incomprensión, la humanidad ha cargado de falsedad e irrealidad hasta la atmósfera que la rodea, pues no tengo que repetirte que cuando tú anuncias *estoy enfermo* es una mentira flagrante respecto a la Divinidad. ¡Ella (Yo) jamás puede ser sino perfecta y llena de Vida y salud!

Te pido, amado estudiante, en el nombre de Dios, que dejes de emplear esas expresiones falsas respecto a tu divinidad, pues es imposible que tengas libertad mientras continúes usándolas. No podré jamás insistir demasiado contigo en que, cuando verdaderamente reconozcas y aceptes la magna presencia de Dios Yo soy en tu interior, positiva y categóricamente, no tendrás más condiciones adversas.

En nombre de Dios te suplico que cada vez que te descubras comenzando a decir o a comentar que estás enfermo, pobre o en otras situaciones adversas, inmediatamente inviertas la condición fatal para tu progreso, y declares mentalmente, pero con toda la intensidad de tu *Yo soy*, que Él es todo salud, opulencia, felicidad, paz y perfección. Cesa de darles poder a las condiciones exteriores, a personas, lugares y cosas. El *Yo soy* es el poder de reconocer la Perfección en cada uno y en todas partes.

Cuando piensas en la expresión *Yo soy*, significa que *tú ya sabes* que tienes a *Dios en Acción* expresado en tu vida. No permitas que las falsas apreciaciones y declaraciones continúen gobernándote y limitándote. Rememora constantemente: Yo soy, *por consiguiente soy* Dios en acción; Yo soy *vida, opulencia, verdad, manifestados ya.*

Así, recordándote esta Presencia Invencible, mantienes la puerta abierta para que Él (la Presencia *Yo soy*) teja en tu manifestación exterior toda su perfección.

Por Dios, no creas que puedes continuar usando decretos errados y que de alguna manera se van a enderezar y vas a manifestar cosas buenas, porque es imposible que eso suceda. En los hatos usan hierros para marcar con fuego a las reses. ¡Yo quisiera poder marcarte con un hierro que te fijara en la conciencia *Yo* soy, y que no pudieras apartarte del uso constante de esa Presencia Grande y Gloriosa que eres!

En cuanto cualquier condición menos que perfecta aparezca en tu experiencia, declara vehementemente que no es verdad. Que tú aceptas sólo a Dios, la perfección, en tu vida. Cada vez que aceptes las falsas apariencias, las tendrás expresadas y manifestadas en tu vida y tus experiencias. Y no se trata de que tú creas o no lo que te estoy diciendo. Esto es una Ley. Comprobada a través de eones de experiencia. Hoy te la entregamos para liberarte.

Tú sabes que al mundo occidental le gusta engañarse con la idea de que le basta con no creer o no aceptar la antigua idea oriental de la brujería, para estar liberado de ella. La brujería no es sino el mal uso de los poderes espirituales, los mismísimos que usamos para el bien. La peor clase de brujería es empleada hoy por la política, con el uso del poder mental *mal calificado*. Si esta misma tremenda fuerza fuera empleada en sentido inverso, o sea, para recordar que la Acción de Dios está en cada persona que ocupa un puesto oficial, el que la emplea en esta forma no solamente se liberaría él mismo, sino que llenaría el mundo político de libertad y justicia y viviríamos pronto en un mundo natural en donde la Acción de Dios sería imperante en todo momento.

Como lo fue en Egipto lo es hoy. Aquellos que mal usan el poder mental, se atan ellos mismos a la inarmonía, encarnación tras encarnación. Hazte tú el propósito: *Yo no acepto ni adopto condiciones del ambiente ajeno, ni de nada de lo que me rodea. Sólo de Dios, del bien, de mi Yo soy.*

Necesitas adquirir el hábito de gobernar tu energía. Si no, siéntate varias veces al día y aquiétate. Aquieta tu ser exterior. Esto permite que se te supla con energía. Aprende a ordenarla y controlarla. Si quieres que ella (tu energía) esté quieta, mantente quieto. Si la necesitas activa, ponte activo. *Tienes que enfrentarte a las cosas y elevarte por encima de ellas.*

El estudiante debe estar alerta para reconocer en sí mismo sus hábitos. No debe esperar que alguien se lo diga. *Debe examinarse y cortar todo lo que no sea perfecto.* La forma de hacerlo es *declarando que no se tiene tal o cual hábito indeseable. Luego, siendo yo creación de Dios, soy hijo de Dios perfecto. Esto trae una liberación que no es posible conseguir de ninguna otra forma.*

Mantenerse en viejas costumbres es como vestirse de ropa antigua. Recuerda: *No debes esperar que otro te las recuerde. Nadie lo puede hacer por ti; debes hacerlo tú mismo.*

En este trabajo, en esta enseñanza y en esta radiación, todas las cosas viejas en el individuo salen para ser consumidas. Antes de quejarte de cada cosa que experimentes en ti y en tu mundo, recuerda que vienen para que te las quites, para que las transmutes. *Ten cuidado de no fijar la atención en aquellas cosas de las cuales te quieres limpiar. Y es ridículo estar recordando las cosas que no resultaron.* ¿No es algo maravilloso que después de siglos que tienes construyéndote limitaciones, puedas en poco tiempo limpiarlas y liberarte por medio de tu propia atención y esfuerzo? ¿No vale bien la pena? *La forma más rápida de lograrlo es empleando humorismo. La sensación liviana y campante que da el humorismo permite hacer maravillosas manifestaciones.*

Si tú te empeñas e invocas la Ley del Perdón, puedes consumir todas las malas creaciones del pasado con la Llama Violeta Transmutadora y ser libre. Debes estar consciente de que la Llama Violeta es la Activa Presencia de Dios actuando.

Cuando sientas un deseo de hacer algo constructivo, hazlo. Empéñate y lógralo, así se caiga el mundo. Que veas o no la manifestación no te debe preocupar.

Aún cuando los estudiantes sólo conocen las cosas intelectualmente, no deben permitir que sus mentes se la pasen regresando a las condiciones malas o erradas, ya que ellos saben que esa actividad les estropea el éxito. Es increíble que las personas no dominen este enemigo. Ningún estudiante puede triunfar hasta que deje de regresar a las condiciones negativas que está tratando de superar.

El trabajo íntegro de un Maestro es el de tratar de hacerle comprender al estudiante lo que significa aceptar. *Aquello con lo que el individuo está de acuerdo mentalmente, está aceptado por él. Si él fija su atención en una cosa, se estará haciendo uno o unificán-*

dose con la cosa. Estará identificándose con aquello, malo o bueno. Cuando la mente acepta o está de acuerdo con alguna cosa o condición, el individuo está decretando aquello en su mundo.

Aquello que tú escuches o que medites con atención estarás aceptándolo, poniéndote de acuerdo, identificándote con ello por virtud de tu atención. ¿Crees tú que un hombre que ve una serpiente cascabel enroscada camina deliberadamente hacia ella para que lo muerda? ¡Por supuesto que no! Pues esto es lo que los estudiantes hacen cuando permiten que su atención regrese a los problemas.

La actividad interior gobierna de acuerdo con el Plan de Perfección. El exterior, cuando se le deja hacer, siempre gobierna erradamente. Cuando un cuadro constructivo se ilumina en tu mente, es una realidad y surge a la realidad siempre que tú lo mantengas en tu recuerdo. Es posible hacerse tan consciente de la Presencia de Dios, que en cualquier momento se puede ver y sentir su radiación derramándose en uno.

Para todo lo que él no quiere, el estudiante demuestra toda la confianza en el mundo exterior. Para todo lo que sí desea, debe obligarse a tener la misma confianza en lo espiritual. Debe siempre confiar en sí mismo, y debe pensar: ¿Cómo puedo yo usar las indicaciones que se me han dado para intensificar esta actividad?

1. La humanidad debe ser informada de que los habitantes de las ciudades mueren y reencarnan en el mismo sitio muchas veces, porque han formado ligaduras que los atraen de nuevo al mismo ambiente. El estudiante que tiene que reencarnar debe dar la siguiente orden: «la próxima vez naceré en una familia de gran Luz». Esto les abrirá la puerta con gran rapidez en su progreso.

CAPÍTULO II

Cuando Jesús dijo: «Yo Soy la Resurrección y la Vida», emitió una de las más grandes expresiones que se puedan hacer.

Cuando Él dijo *Yo soy*, no se refería a la expresión exterior, sino a la Magna, Maestra Presencia del Dios Interior, porque dijo repetidamente: «Yo de mi ser propio no puedo hacer nada. Es el Padre nuestro, el *Yo soy*, el que hace las obras».

También dijo Jesús: «*Yo soy* el Sendero, la Vida y la Verdad», reconociendo así el único poder: *Dios en acción* dentro de Él.

También dijo: «*Yo soy* la Luz que ilumina a cada hombre que viene al mundo», anunciando cada dicho de importancia vital con las palabras *Yo soy*. Una de las formas más poderosas de liberar el poder de Dios: amor, sabiduría, verdad y ponerlo en acción en la experiencia exterior, es esa declaración *Yo soy* en todo y en cualquier cosa que se desee.

Ahora vamos a referirnos al dicho más poderoso de todos, tal vez uno de los más grandes que haya sido lanzado a la experiencia exterior por medio de la palabra: «*Yo soy* la puerta abierta que ningún hombre puede cerrar».

¿Tú no ves cuán vital es esto? Cuando llegues a comprender plenamente esas afirmaciones magnas, te darás cuenta de la grandeza de su alcance.

Cuando tú reconoces y aceptas plenamente el Yo soy como la magna presencia de Dios en ti, en acción, habrás tomado uno de los mayores pasos hacia la liberación.

Ahora bien, fíjate bien en la afirmación: «*Yo soy* la puerta abierta que ningún hombre puede cerrar». Si tú pudieras realizarlo, tienes la llave que te permite atravesar el velo de la carne, llevando contigo toda la conciencia imperfecta que hayas acumulado, la puedes transmutar, o elevarla a esa perfección a la cual has entrado.

No podré jamás ponderar demasiado la importancia de meditar en el *Yo soy* todo lo más posible, como siendo la Magna, Activa Presencia de Dios en ti, en tu hogar, en tu mundo y en tus asuntos. Cada respiración es *Dios en acción* en ti. El poder de expresar tu pensamiento y tu sentimiento es Dios Activo en ti. Como tú tienes libre albedrío, es asunto tuyo calificar la energía que proyectas en pensamiento y sentimiento, determinando cómo quieres que actúen para ti.

Nadie puede preguntar: ¿Y cómo es que yo hago para calificar la energía? Todo el mundo conoce la diferencia entre lo destructivo y lo constructivo en pensamiento, sentimiento y acción.

El estudiante, al recibir esta instrucción, debe constantemente analizar el motivo que lo impele para detectar si hay algún sentimiento de orgullo intelectual, de arrogancia o de testarudez en la mente y cuerpo exterior. Si hay algún deseo solapado de discutir o de probar que la instrucción está errada, en lugar de recibir la Bendición y la Verdad, el individuo ha cerrado inconscientemente la puerta, y por el momento ha anulado su habilidad de recibir el bien ofrecido.

También quiero recordarles a los discípulos, que no obstante sus opiniones personales respecto a lo que debe ser o no la Verdad, yo he comprobado a través de muchas centurias estas instrucciones condensadas que ahora les estamos dando. Si se quiere recibir mayor beneficio posible y obtener la comprensión que da la absoluta liberación, hay que oír con una mente enteramente abierta; con la conciencia de que el *Yo soy*, la activa Presencia de Dios en ti, es tu habilidad certera de recibir, aceptar y aplicar sus limitaciones, la instrucción que se te está dando, acompañada por la radiación. Esto permitirá a todos los estudiantes comprender estas sencillas, aunque magnas aseveraciones de la Verdad, que los bendecirán y los liberarán grandemente.

Hace muchos siglos que se le repite a la humanidad: «No se puede servir a dos amos». ¿Por qué? Porque no existe sino una Inteligencia, una Presencia, un Poder que pueda actuar, y esa Presencia es Dios en ti. Cuando tú te vuelves a la manifestación exterior y crees en el poder de las apariencias, estás sirviendo a un dueño falso y usurpador que sólo encuentra una apariencia porque contiene energía de Dios, la cual está usando mal.

Tu habilidad para levantar la mano y la vida que fluye a través del sistema nervioso de tu cuerpo es Dios en Acción. Amados estudiantes, traten de utilizar esta forma sencilla de recordar a Dios en Acción dentro de ustedes.

Cuando camines por la calle piensa por un momento: *Esta es la Inteligencia Divina y el Poder que me hace caminar, y ésta es la Inteligencia que me dice a dónde voy*. Verás que ya no es posible que continúes sin comprender que cada movimiento que hagas es *Dios en acción*. Cada pensamiento en tu mente es Energía Divina que te permite pensar. Ya que sabes que éste es un hecho indiscutible (ya que no tiene discusión posible) ¿por qué no adorar y dar plena confianza, fe y aceptación a esta Magna Presencia de Dios en cada uno, en lugar de mirar la expresión externa que está calificada y coloreada por el concepto humano de las cosas?

Cada forma exterior no es sino una parte de la vida por medio de la cual cada individuo puede lograr saber el origen verdadero de su ser (esto lo aprende a través de su propia experiencia); luego vuelve a la plenitud de perfección de origen apoyado en la autoconciencia que ha adquirido.

La expresión exterior de vida no es sino un constante y cambiante cuadro que la mente exterior ha creado, presumiendo ser el actor verdadero. De modo que la atención está constantemente fija en la apariencia externa que sólo contiene imperfecciones, lo que ha hecho que los hijos de Dios hayan olvidado su propia Divinidad, teniendo de nuevo que regresar a ella.

Dios es el Dador, el Recibidor y el Don, y es el único Dueño de toda la Inteligencia, Sustancia, Energía y Opulencia que existen en el Universo. Si los hijos de Dios aprendieran a dar, únicamente por el gozo de dar, sea amor, dinero, servicio o lo que fuera, la expresión externa no podría carecer de una sola cosa. Sería imposible.

Lo desafortunado en la humanidad, que ha causado tanto egoísmo y condenación sin precedentes entre una y otra persona, es la insistencia en la posesión personal de las maravillosas bendiciones de Dios. *No hay sino un Amor actuando, una Inteligencia, Poder y Sustancia* en cada individuo y eso es Dios. *La alerta que se le puede dar a cada estudiante es contra el deseo de reclamar y apropiarse del poder para sí únicamente.*

Si en cada acto de la personalidad se le diera pleno crédito y poder a Dios únicamente, ocurrirían transformaciones increíbles en aquel que así le entrega todo el crédito a quien le pertenece.

Raramente se ha logrado comprender la oferta y la demanda. Positivamente hay una abundante y omnipresente oferta, pero la demanda tiene que ser estipulada antes de que la Ley del Universo le permita surgir a la expresión y uso del individuo.

El individuo, ya que tiene libre albedrío, debe hacer la petición o la demanda conscientemente y con plena determinación, y ya verá cómo no puede dejar de expresarse, no importa lo que sea, siempre que el individuo mantenga una conciencia resuelta y sin debilidades. La siguiente afirmación sencilla, usada con sincera determinación, le traerá al individuo todo lo que él pueda posiblemente desear: Yo soy *la gran opulencia de Dios hecha visible en mi uso ahora y continuamente.*

Elemento limitador que tantos estudiantes sienten es, por ejemplo, que ellos comienzan declarando la Verdad cuando usan la afirmación antes dicha, pero antes de que hayan pasado muchas horas, si se analizan ellos conscientemente, encontrarán que en sus sentimientos hay trazas de duda o temor. Estos dos sentimientos, naturalmente, neutralizan en gran parte la fuerza constructiva que traería rápidamente el deseo o la demanda.

Una vez que el estudiante puede darse cuenta de que todo buen deseo es *Dios en acción*, impulsando su energía hacia el pleno cumplimiento, y que es autosostenida, comprenderá el amor sin límites, el poder y la inteligencia que posee, con los cuales podrá lograr cualquier propósito.

Con esta sencilla comprensión, la palabra *fracaso* sería completamente borrada de su mundo en poco tiempo de su conciencia, porque vería que está manejando una inteligencia y un poder que no pueden fracasar. Así, estudiantes e individuos entrarían en su pleno dominio de acuerdo con la intención de Dios.

Jamás ha sido el propósito de nuestro gran Padre, todo amor y sabiduría, que a algunos de ellos (sus hijos) les faltara nada, porque ellos permiten que se les fije la atención en la apariencia exterior, la cual es como la cambiante arena del desierto. De manera que ellos consciente o inconscientemente se separan de la Gran Inteligencia y Opulencia.

Esta gran opulencia es la herencia de la cual todo el mundo puede disponer, siempre que se vuelvan de nuevo hacia el *Yo soy*, el Principio Activo de Dios, eternamente dentro de nosotros mismos, como hacia la única fuente de vida activa, inteligente y opulenta.

A lo largo de todas las edades han existido ciertas normas de conducta, necesarias para todo estudiante que desee alcanzar ciertos logros. Se trata de la conservación y gobierno de la fuerza vital a través del sexo.

Para el individuo que ha estado usando esta energía sin pensar en gobernarla, el hecho de decir «Yo voy a dejar esto», sin la comprensión de la actitud correcta de conciencia, no sería sino simplemente suprimir un flujo de energía que él ha provocado que fluya en dirección diferente.

Para el estudiante que desea gobernarse va esta afirmación, que es lo más eficaz de todo lo que se le pudiera dar, si la usa con comprensión. Es la Magna afirmación de Jesús: «*Yo soy* la Resurrección y la Vida». Esta afirmación no solamente purifica el pensamiento, sino que es la fuerza elevadora y ajustadora más poderosa que se puede usar para la corrección de lo que es la más grande de las barreras a la altura del logro espiritual. Todo el que empiece a sentir el impulso interior de corregir esta condición, y que use la afirmación continua y firmemente, elevará esta maravillosa corriente de energía hacia el punto más alto del cerebro, como fue originalmente proyectado. El individuo sentirá su mente inundada con las más maravillosas ideas, con abundante poder sostenedor y con habilidad, que sale a la expresión y uso, para bendecir a toda la humanidad.

Yo le pido a cualquier estudiante que observe y ensaye los resultados en su mente y cuerpo. Sientan profundamente el dicho de Jesús: «Yo soy la Resurrección y la Vida», repitiendo tres veces en silencio o audiblemente, y observen el ascenso de conciencia que van a experimentar. Hay algunos que necesitarán varias repeticiones para sentir la elevación sorprendente que otros sienten la primera vez. Esto les demostrará, en forma mínima, lo que se puede lograr con su uso continuo.

No hay sino una sola manera de liberarse de algo negativo y es que después que sepas el error que tienes que superar, quitarle tu atención exterior completamente, fijándola firmemente en la mencionada afirmación.

Cualquier condición de la experiencia externa que uno desee superar, lo puede lograr con el uso de esta afirmación, así como también para cambiar el flujo de la energía mal dirigida. Yo tuve un estudiante que sintió el impulso de redirigir esta gran energía y con el uso de esta única energía logró ascender su cuerpo. En un año, una transformación maravillosa se operó en toda su apariencia externa. Es increíble que de todas las afirmaciones que nos vienen de Jesús, y que no es sino una parte de lo que Él enseñó, tan pocos humanos reciban el tremendo impacto de esas maravillosas palabras de sabiduría.

En toda la historia del mundo no han sido dadas tantas grandes afirmaciones como las que Él enseñó, cada una de las cuales, usada conscientemente, contiene la radiación acompañante que Él logró. De manera que no solamente tienen ustedes este poder del *Yo soy*, sino también su asistencia individual cuando usan sus afirmaciones. Siempre se debe contemplar el verdadero significado de estas grandes afirmaciones del Maestro Jesús.

Cuando tú logras comprender que el pensamiento, sentimiento y expresión tuya del *Yo soy* ponen en acción el Poder de Dios sin límite alguno, entonces recibes lo que tú deseas. No debe ser ningún problema para el estudiante el ver y comprender que la apariencia externa no es sino la distorsionada creación del hombre, el cual está creyendo que en el exterior hay una fuente de poder aparte, cuando un momento de reflexión le hará entender que no existe sino un solo amor, una sola inteligencia y un solo poder que puedan actuar, y que eso es Dios.

Los defectos humanos o las discrepancias externas no tienen nada que ver con la Perfección Omnipresente de Dios, ya que todo lo imperfecto es sólo creación del concepto exterior humano. Si el hombre se volviera hacia su Yo Superior sabiendo que Este es Dios, sabiendo que Él es toda Perfección y que la apariencia externa no es sino creación humana, por el mal uso de su poder Divino; si él medita sinceramente y acepta la Perfección de Dios, verá en seguida que en su vida y experiencia se manifiesta esta misma perfección.

No hay otra forma posible de traer esta perfección a tu mente, cuerpo y experiencia, sino por medio de la aceptación de la Gran Presencia de Dios en ti. Este reconocimiento pleno hará que el poder interior proyecte dicha perfección de Dios a tu experiencia visible.

Dile a los estudiantes que yo te estoy enseñando, como mensajero de la Verdad, afirmaciones de la Verdad que te producirán resultados positivos si las usas y las mantienes sin titubeos. Los Metafísicos saben que la Verdad no les funciona porque hoy hacen las afirmaciones y las olvidan durante toda la próxima semana.

El deseo de Luz y Verdad es la Presencia de Dios en el deseo, proyectándose hacia la acción. Para lograr iluminación usa esta frase: «*Yo soy* la plena comprensión e iluminación de esta cosa que quiero saber y comprender».

El día que se abran tus ojos y veas algunos de estos maravillosos seres ascendidos, el gozo te durará para toda la eternidad. Si tú no aceptas la verdad de que tú tienes la habilidad para lograr esto, jamás lo harás.

En el mismo momento en que tú expresas «*Yo soy* la Resurrección y la Vida», inmediatamente surge toda la energía de tu ser hacia el centro de tu cerebro, que es la fuente del ser individualizado. Yo no podré jamás ponderar demasiado el poder de esta afirmación. No hay límites para lo que puedes hacer con ella. Fue la que usó Jesús en sus más grandes pruebas.

Debes saber que cuando tú decretas algo constructivo, es Dios el que te está impulsando a actuar. Es lo más tonto del mundo preguntar: «¿Y tú has comprobado esto en tu propia experiencia?», porque cada individuo tiene que comprobarlo por él mismo o no le significará nada hasta que él mismo haga la prueba.

El sentimiento lleva consigo cierta visión coexistente. Uno a menudo siente la cosa con tal claridad que verdaderamente la ve desde la posición interna.

A medida que entras en el estado de ascención, se manifiestan simultáneamente el pensamiento, el sentimiento, la visión y el color.

El sonido armonioso es tranquilo. Es por esto que la música más deleitosa es tranquilizante en sus efectos, mientras que la música ruidosa es enteramente opuesta.

CAPÍTULO III

Desde la radiación de la Gran Cintura Electrónica les proyecto esto hoy; desde el corazón de la Ciudad de Oro[2] se proyectan los Rayos Gemelos sobre los cuales están la palabra, la luz y el sonido.

El tiempo nos ha alcanzado rápidamente y debemos estar más despiertos respecto a los grandes cinturones electrónicos que rodean toda la creación, desde la deidad hasta el individuo.

La Cintura Electrónica que rodea la Ciudad de Oro es impenetrable, mucho más que lo que podría ser un muro de acero de muchos pies de anchura. Así, en un grado menor, el individuo que tiene suficiente comprensión del principio activo de su Ser Divino, puede rodearse de un círculo o cintura electrónica, la cual él puede calificar de la manera que se le antoje, pero ¡pobre de aquel individuo que la califique destructivamente! Si alguno tuviera la temeridad de hacerlo, se encontraría que este cinturón de fuerza electrónica encerraría su forma exterior y la consumiría; pero aquellos que construyen y califican con sabiduría, con el amor grande de Dios y con poder constructivo, se encontrarán moviéndose en un mundo no tocado por la ignorancia humana.

Ha llegado el periodo cósmico en que aquellos que han logrado cierto grado de comprensión deben crear, aplicar y usar este maravilloso círculo electrónico. Cada creación, que es acción autoconsciente, tiene este círculo de fuerza electrónica rodeándolo con toda naturalidad, pero hasta cierto grado su fuerza está descontrolada y, por consiguiente, disipada.

Al crear conscientemente este gran anillo de fuerza electrónica pura, detienes toda filtración de tu esencia ilimitada y la mantienes en reserva para uso directo y consciente. Después de unos meses de esta actividad creadora y consciente dentro de este anillo electrónico, hay que tener mucho cuidado al dirigir esta fuerza. Que no sea en ninguna otra forma que la del Amor Divino.

En los principios de la individualización del hombre, él estaba naturalmente rodeado de este círculo mágico; pero, a medida que su conciencia iba descendiendo, se hacían rasgaduras en el gran círculo de fuerza, causando filtraciones, hasta que desapareció. El círculo no fue una creación consciente del hombre: era un círculo natural envolvente, por su estado puro de conciencia.

Ahora los estudiantes de la Luz tienen que ponerse a la obra conscientemente y, sin titubeos, crear este Círculo Electrónico en torno a sí mismos, visualizándolo perfecto, sin quebraduras en su construcción. Así será posible conscientemente alcanzar más adentro en la Cintura Electrónica de la Divinidad, y allí recibir sabiduría, amor y luz sin límites, como también aprender la aplicación de leyes sencillas, por medio de las cuales todo poder creador es posible. A pesar de que al estudiante le es recomendado mirar siempre, sin jamás olvidarlo, hacia su propio Ser Superior, creador de su individualización, sin embargo, no se ha obtenido un solo logro en el cual no se haya dado la asistencia de aquellos más adelantados.

Como no hay sino un solo Dios, una sola Presencia y su Actividad Todopoderosa, resulta que aquel más adelantado no es sino un poco más del Ser Divino en Acción. En este reconocimiento vas a comprender por qué es que puedes sentir «*Yo soy* aquí y *Yo soy* allá», puesto que no hay sino un solo ser Divino en todas partes.

Cuando el estudiante por fin comprenda que la ascendida hueste de maestros no es otra cosa que su propia conciencia más adelantada, entonces va a sentir las grandes posibilidades a su alcance, así sea que se dirija a Dios directamente, a uno de los ascendidos maestros de luz o a su propio Yo soy. En realidad no hay diferencia, porque todos son uno solo. Pero hasta que no se llega a este estado de conciencia sí hay diferencia, porque es casi seguro que el individuo sentirá una división del Ser Único, cosa que no es posible sino en la ignorancia de la actividad externa mental.

Cuando el estudiante piensa en esa expresión exterior, debe en todo momento recordar que es la actividad externa de la *inteligencia única*, guardándose así él mismo contra la división —en su propia conciencia— de este magno y único poder Divino centrado en él.

De nuevo debo recordarte que este Gran Poder Ilimitado de Dios no puede introducirse en tu uso exterior sino por virtud de tu propia invitación. No hay sino una sola clase de invitación que pueda hacer que fluya, y es tu sentimiento profundo de amor y devoción.

Cuando uno haya generado el Círculo Electrónico en torno a sí mismo, no hay otro poder que lo pueda penetrar sino el Amor Divino. Y en cuanto a penetrar en el Radiante, Candente Círculo de la Deidad, es sólo *tu* Conciencia de Amor Divino lo que puede penetrarlo y, a través del cual, la Deidad retoma su Gran Derrame, el cual te llega a través de mensajeros tan trascendentes que sobrepasan en tal forma tu concepto actual, de tal manera que no es posible transmitirte en palabras la Majestad del amor, sabiduría y poder de estos grandes seres.

Permíteme recordarte de nuevo que aquel estudiante que «ose y calle» se encontrará elevado a la radiante trascendencia de esta *esfera interna*. Y será por medio de su visión y experiencia que logrará comprender esto que te estoy diciendo. El Alma que posee suficiente fuerza para vestirse de su armadura de Amor Divino y avanzar, no encontrará obstrucción alguna, pues no hay nada entre su presente conciencia y esa Esfera de Magna Trascendencia Interna que obstruya el acercamiento del Amor Divino.

Cuando tú hayas mirado y tocado dentro de este Círculo Interno, vas a comprender cuán imperfecta es la presente expresión del Amor Divino. Una vez que uno hace conciencia de estas Grandes Esferas, a las cuales uno puede llegar, se encuentra sin temor alcanzando más y más profundamente la radiación interior de ese Gran Eje Inteligente del cual han procedido toda creación y todos los mundos.

Hay entre ustedes almas fuertes y valientes que comprenderán esto y que pueden usarlo para gran bendición propia y de los demás. Hay también otros que comprenderán que la Presencia que late en cada corazón es Dios, que la esencia que surge para vitalizar la forma exterior es *Dios en acción*, que la actividad que hace circular la sangre por todo el cuerpo es Dios. Entonces, amado estudiante, pon atención a lo siguiente: ¿No ves tú qué gran error es hundirse en la ignorancia del ser exterior y sentir dolor, molestias, perturbaciones, todo creado por la ignorancia y actividad de ese ser, cuando unos momentos de meditación te harán entender que no puede haber sino una Presencia, una Inteligencia, un Poder que es Dios actuando en la mente y el cuerpo?

¿Ves tú ahora cuán sencilla, aunque poderosa, es esta Conciencia dentro de ti, que puede soltar el pleno reconocimiento de la Grande y Pura Actividad de Dios a la mente y el cuerpo, y que permite que la maravillosa y trascendente Esencia llene cada célula hasta derramarse?

A mí me parece que tú no puedes menos que captar la sencillez de tu propio Ser Interno actuando en ti mismo. Vuélvete constantemente hacia Él. Ámalo, alábalo, ordénale que surja en cada célula del cuerpo, en cada necesidad de la actividad externa, en el hogar, en los negocios, etcétera. Cuando tu deseo se proyecte revestido en la Presencia, Poder e Inteligencia de Dios, no puede fallar. Tiene que traer aquello que tú necesitas o deseas, ya que el deseo no es sino una actividad menor que un decreto y el decreto es el reconocimiento del deseo cumplido. Yo te aseguro que no debes jamás tener ningún temor respecto al uso de este gran Poder.

Bien lo sabes tú sin que se te diga que, si lo usas mal, generarás disonancia. Si lo usas constructivamente, te traerá tales bendiciones que no puedes sino vivir alabando y dando gracias. Este Poder está esperando tu dirección consciente.

La persona que dijo un día bíblico: «¿Quién de vosotros puede con el pensamiento añadir un codo a la estatura?», ahogó la actividad y el progreso individual, ya que el pensamiento y el sentimiento son el Poder Creador de *Dios en Acción*.

El uso incontrolado del pensamiento y el sentimiento han traído toda clase de discordias, enfermedades y molestias. Sin embargo, pocos son los que creen esto y continúan creando caos en sus mundos con sus pensamientos y deseos desordenados cuando podrían, tan fácil como respirar, tornar a usar su pensamiento constructivo y, con el motivo del Amor, construirse un paraíso perfecto en un periodo de dos años.

Hasta la Ciencia ha comprobado que la forma exterior y el cuerpo interior se renuevan completamente en pocos meses; de manera, pues, que por medio de la aplicación de las leyes verdaderas del Ser ¡cuán fácil es causar la perfección del cuerpo exterior entero y que cada órgano recobre su actividad normal y perfecta en poco tiempo! Sería imposible que la disonancia entrara en el pensamiento o en el cuerpo. Esta es la puerta abierta de Dios ante ti que ninguno puede cerrar sino tú, que nadie puede obstruir ni interferir. Usa valientemente tu dominio y poder Divino y sé libre.

No puedes mantener esta libertad perfecta sino por medio del conocimiento consciente y aplicado. Te voy a dar un secreto, que si fuera comprendido por el individuo iracundo o discordante, lo arrancaría de esa actividad destructiva, aunque no fuera sino por un motivo puramente egoísta. La persona iracunda, condenadora, que envía pensamientos y palabras destructivas hacia otra, recibe de vuelta la cualidad negativa con que cargó sus sentimientos, palabras y pensamientos. En cambio, la otra, si está estabilizada en su poder Divino, recibe la energía que le haga falta, calificándola. Así, el creador de discordias, a través de su ira y condenación, se está destruyendo él mismo, a su mundo y asuntos.

He aquí un punto vital que deben comprender los estudiantes: cuando uno conscientemente busca alcanzar el Círculo Electrónico Interior de Dios, hace de su expresión y actividad exterior un canal incesante para el flujo de la Esencia pura que le viene de la Divinidad. Esto en sí, aunque Él se conserve completamente silencioso, es uno de los más grandes servicios, conocido por pocos seres que están conscientes de lo que significa para la humanidad.

Aquel que está tratando de alcanzar el interior del Círculo Electrónico Interior llega a ser un manantial continuo y su propia radiación es una bendición para la raza humana.

Así, centuria tras centuria, ha habido aquellos altruistas mensajeros de Dios a través de los cuales es derramada, para la bendición de los que no comprenden, la Presencia Elevadora de esa energía fluyente. Cuando se encuentran uno o más que puedan ser un canal para esta gran presencia acumulada, semeja los primeros goteritos de una filtración en una represa.

A medida que se mantiene firme la conciencia y que se aumenta la brecha en la represa, mayor volumen de agua pasa y, al final, toda obstrucción es eliminada y se proyecta íntegra la fuerza para ser utilizada.

Al contrario del agua estancada, que se desborda, disipándose porque no tiene dirección, el Poder Divino, así liberado, va directamente al canal de conciencia más receptivo, y allí se amontona, esperando la oportunidad de manifestarse más y más.

Así, el estudiante de la Luz, aparte de su actividad en dispensar la Verdad, se convierte, como quien dice, en un pozo artesiano de cuyas profundidades fluye esta magna esencia de Dios.

Los estudiantes deben en todo momento recordar que no importa que hayan cometido errores. Dios jamás critica ni condena, sino que en cada tropiezo dice dulce y amorosamente «levántate, hijo, y comienza de nuevo; continúa ensayando hasta que logres la verdadera victoria y la libertad de tu dominio divino».

Siempre, cuando uno se hace consciente de haber cometido un error, el primer acto debe ser invocar la Ley del Perdón y pedir fuerza y sabiduría para no repetir el error una segunda vez. Dios, todo amor, tiene una infinita paciencia y no importa el número de nuestros errores, siempre se puede decir: «Elévate y sube al Padre». Tal es el amor y la libertad en que los Hijos de Dios tienen el privilegio de actuar. No hay sino un solo proceso invencible, evolucionador y es a través del poder de generar conscientemente el Amor Divino. El Amor, siendo el eje de toda vida, cuanto más lo usemos conscientemente, más fácil y rápidamente libraremos el magno Poder de Dios que, como una gran fuerza acumulada, siempre está esperando una apertura para proyectarse por nuestra propia conciencia.

Por primera vez en muchas centurias, los faros o rayos de la Ciudad Dorada, situada en el Plano Etérico sobre el desierto del Sahara, están puestos en operación activa sobre América y la Tierra toda. Puede que haya algunos individuos que puedan ver estos rayos sin saber lo que significan.

El hombre no puede seguir pensando que puede continuar generando fuerzas destructivas y seguir sobreviviendo. Aquellos que pueden esparcir el conocimiento del Círculo Electrónico, ya no deben ser privados de sus beneficios. Divúlgalo junto con la alerta.

Usa esta afirmación: «*Yo soy* la actividad cumplida y el poder sostenedor de toda cosa constructiva que yo desee». Úsalo como un decreto general, porque el poder sostenedor está en todo lo que existe. *Yo soy* aquí y *Yo soy* allí, decretado en todo lo que quieras lograr, es un estupendo decreto para usar la Única Actividad y para elevarse por encima de la conciencia de separación.

2. Encima de los principales desiertos existen ciudades etéricas. Más arriba del desierto de Arizona está la ciudad etérica de Juan, el Discípulo Amado. Hay otra sobre el desierto del Sahara, otra sobre el desierto de Gobi y otra en Brasil, que es la ciudad etérica de la América del Sur.

CAPÍTULO IV

El fuego creador que *Yo soy* es la Llama de Dios. Su Presencia Maestra está anclada en el corazón de todos los hijos de Dios, aunque en algunos no es sino una chispa. Sin embargo, al tratarla correctamente, esa chispa puede convertirse en un gran Fuego Creador y una Llama Consumidora.

Esta Magna Presencia en sus actividades múltiples es la actividad omnipresente que todos pueden usar sin limitación, solamente si pudieran quitar de su conciencia aquello que no es sino apariencia y que los ha atado a través de años sin fin.

Hoy, el Cetro de Poder y Autoridad está a la vista frente a cada estudiante que va adelantado. Al principio puede alcanzarlo mentalmente y tomar ese Cetro de Autoridad y usarlo; pero pronto se dará cuenta de que lo puede usar casi tangible y visiblemente.

No es una promesa vana que aquellos que buscan la luz recibirán este dominio. Cuando atravesamos un bosque, sabemos que podemos regresar por el mismo sendero, pero la decisión es nuestra. Asimismo, después de centenares de años buscando poder y autoridad en lo exterior, encontramos que mañana habrá desaparecido, como si estuviera sobre arena movediza.

Por la aceptación gozosa de tu dominio Divino puedes pisar firmemente la base segura de la Roca de la Verdad, que es Dios mismo, y de la cual ningún disturbio exterior puede jamás tocarla una vez que tú lo hayas aprendido por experiencia propia.

Los estudiantes de la Verdad se preguntan por qué vacilan en su decisión de mantenerse firmemente asidos o anclados en la *Presencia de Dios*, ya que esto representa el dominio que andan buscando. No analizan la forma en que están actuando para indagar qué es lo que están haciendo que les cause tal perturbación y duda; pero para aquellos que aprovechan la autoridad que les pertenece e investigan profundamente en sus propias causas, les será muy fácil separar la cizaña de los granos de oro y sentirse pronto libres de la perturbación que les hace dudar de ellos mismos y hasta de la *Presencia de Dios*, que late en sus corazones.

Cuando los estudiantes tengan consigo mismos y con Dios la Presencia *Yo soy*, la suficiente honradez para arrancar todo lo que esté causando ese disturbio interior, sentirán esa Magna Luz, irradiación del Gran Ser Divino, y encontrarán que con poco esfuerzo e inteligencia se convierte en Poder. Fuerza y Seguridad asidos a esa Roca de la Verdad que es una de estas Grandes Joyas del Reino de Dios; y esta Luz deslumbradora los envolverá a la más leve invitación.

¡Oh, estudiante de hoy! Mantente asido a esta Magna Presencia que late en tu corazón, cuya vida fluye a través de tus venas, cuya energía se derrama en tu mente. Tú tienes libre albedrío y puedes calificarla y bendecirla para que te perfeccione o te haga imperfecto. Recuerda siempre que por aquello de no invocar esta Magna Presencia te has encontrado creando disonancias y desórdenes. *Tienes que darte el tiempo suficiente para lograr el pleno reconocimiento a este gran poder y entregarle toda la actividad de tu vida.*

No te impacientes porque las cosas no se compongan tan rápidamente como a ti te gustaría. Ellas funcionan de acuerdo con la velocidad de tu propia aceptación y la intensidad de tus sentimientos.

Esta gran energía que surge a través de tu cuerpo y mente, es la pura energía electrónica de Dios, la Gran Presencia *Yo soy*. Si tus pensamientos son mantenidos gozosamente en tu ser divino, como origen de tu ser y tu vida, esa energía pura electrónica actuará sin cesar e incontaminada por la calificación discordante humana.

Pero si tú permites, consciente o inconscientemente, que tu pensamiento comience a infestarse con la discordia que a menudo lo rodea, tú mismo le cambias el color y la calidad de esta energía radiante y pura.

Ella está obligada a actuar, y tú eres el que dicta cómo ha de comportarse hacia ti. No creas jamás que tú puedes escapar de este hecho sencillo. Es una Ley inmutable y ningún ser humano puede cambiarla. Los estudiantes tienen que comprender y mantener esta actitud si desean hacer progresos continuos.

Yo les digo, amados míos, que por más que duden, teman y se rebelen ante la autocorrección, ella es la puerta abierta a su propia gran iluminación y libertad de toda la limitación humana exterior.

Hay muchos estudiantes que cuando llegan a un cierto grado de comprensión, los resultados de sus actividades purificadoras les son revelados y, enfrentándose a los muchos errores cometidos que hay que corregir, se desconsuelan criticándose y condenándose ellos mismos y a Dios. Este es otro gran error. Todo aquello que les es revelado para ser corregido, debe alegrarles grandemente, puesto que es una oportunidad para adelantar corrigiendo errores que antes estaban ocultos. Conociendo que Dios es el poder de pensar, saben que tienen dentro el poder de corregirse y deben poner manos a la obra.

La vida de Dios que les late en el pecho es prueba suficiente de que poseen la inteligencia y el Poder de Dios con que disolver y consumir todos los errores y creaciones discordantes que han fabricado en su contorno, consciente o inconscientemente, y pueden decirles a estas creaciones indeseables: «*Yo soy* la Magna Llama Consumidora que ahora y para siempre disuelve todo error pasado y presente, su causa y su núcleo y toda creación indeseable, de lo que mi ser externo sea responsable».

Es extraño, pero parece que los estudiantes tienen dificultades para anclarse en el reconocimiento del poder ilimitado que manejan cuando pronuncian *Yo soy*, cuando hasta el intelecto, que es sólo la actividad externa, sabe esto. Los estudiantes deben intensificarlo con todo su empeño, sintiendo intensamente la verdad de ello y entonces encontrarán gran rapidez y poder adicional al usarlo. Yo te digo, amado estudiante, que ha llegado el momento en que puedas usar este poder con gran autoridad para desatarte de las cadenas de limitación que te han aprisionado por tanto tiempo.

Ponte con determinación a ordenar tu casa. Si fueras a albergar un huésped distinguido, no dudo que pasarías días trabajando con ahínco, puliendo y preparando todo para recibirlo. ¡Cuánto más importante es el preparar para este gran principio de amor y paz, el principio del Fuego Consumidor que habita dentro de ti y controla el elemento fuego!

Cuando uno piensa en Oromasis, príncipe del elemento Fuego, está pensando en la llama del Fuego Creador y está invocando su ayuda en el avivamiento de este poder creador, lo cual trae resultados inimaginables.

Cuando tú hablas en el nombre, poder y autoridad del gran *Yo soy*, estás soltando energías sin límites para que se cumplan tus deseos. ¿Por qué, entonces, seguir permitiendo que la duda y el temor te acosen, si *Yo soy* es la puerta abierta de la opulencia de Dios, esperando para derramarse en salud, bendiciones y prosperidad? Atrévete a ser, a sentir y a utilizar esta Magna Autoridad, Dios en cada uno.

¡Amado estudiante! ¿No te das cuenta de que puedes manifestar la perfección en unos minutos o en unas pocas horas, tomando la determinación de afirmar con suficiente intensidad: «*Yo soy* la inmensa energía electrónica que fluye, renueva y llena cada célula de mi mente y mi cuerpo ya en este mismo momento?». ¿No ves tú que a pocos minutos u horas puedes disipar cualquier disturbio de mente o cuerpo y permitir que esa pura Magna Energía haga su labor sin influencia, sin ser afectada o colorida por elemento alguno de tu propio pensamiento? Si tú puedes renovar un nervio, un órgano, construir cualquier miembro de tu cuerpo a su original perfección, casi inmediatamente, ¿por qué no sentirlo y utilizarlo? Y a medida que experimentes los resultados admirables, asombrosos, tu fe y confianza saltarán a efectuar su perfecta actividad y tu mente adquirirá toda la confianza necesaria en esta gran Presencia y Poder y su uso omnipresente e ilimitado.[3]

Cuando parezca haber una falla de energía, plántate alegre y seguro, con determinación y declara: «*Yo soy* la Magna Presencia de esta energía alerta y radiante que surge a través de mi mente y mi cuerpo, disolviendo todo lo que sea diferente a ella misma. Yo me planto para siempre en esta alerta y radiante energía y gozo para siempre».

Tú puedes pasar esta energía pura por tu mente y tu cuerpo así como paso yo mi mano por tu frente. En mi memoria no existe un momento en que haya habido tanta asistencia al alcance del estudiante de la Luz y tú debes aprovecharlo con intenso gozo.

Al principio, si no sientes ninguna fuerza electrónica pasar a través de ti, de ninguna manera creas que no has recibido esta gran energía, ya que tú le has ordenado, con la autoridad de Dios *Yo soy*, que fluya por tu mente y tu cuerpo.

Lo mismo se puede hacer por los negocios o asuntos que no estén manifestando todo el orden y armonía que se desee. Puedes ponerte de pie (porque esto te hace sentir la autoridad) invocar a tu gran presencia *Yo soy* y mandarla al mundo de tus negocios. Ordénale que consuma todo lo que no sea igual a ella misma y que lo reemplace con la perfección de Dios que *Yo soy*. Ordénale que se mantenga a sí misma, que manifieste su autoridad incesante y que limpie tu mundo de toda cosa discordante. Y terminas declarando: «*Yo soy* la suprema autoridad, *Dios en acción*».

No es necesario ponerse nervioso ni tampoco permitir que el cuerpo se ponga tenso, sólo debemos subir en la supremacía y dignidad de nuestra autoridad divina y limpiar todo lo que necesite estar limpio. Al hacer esto, no es necesario hablar con voz fuerte, sino con voz baja, pero con tono de Maestría.

Ponte de pie en tu cuarto y declara:

«*Yo soy* dueño de mi propio mundo. *Yo soy* la victoriosa inteligencia que lo gobierna. Yo ordeno a esta gran radiante e inteligente energía de Dios que entre a mi mundo, le ordeno que me traiga la opulencia de Dios, hecha visible a mis manos y para mi uso. Le ordeno que cree toda la perfección. Yo no soy ya más el niño en Cristo, sino la Presencia Maestra que ha alcanzado su plena estatura. Yo hablo y ordeno con autoridad».

Se pueden disolver los errores cometidos y recrear inmediatamente la perfección que se desea. Saber que es autosostenida, siempre que no se mezcle con actividades destructivas del pensamiento y el sentimiento.

Yo deseo mucho que tú sientas que *eres la única autoridad en tu mundo.* Mientras tú no tengas intención de dañar a alguien, no temas jamás que al perfeccionar tu mundo vas a desfigurar el mundo de otro o de otros. Tampoco importa lo que digan los demás o cuánto intenten ellos interrumpirte con sus dudas, temores y limitaciones. Tú eres la suprema autoridad en tu mundo y, cuando te acosen esas condiciones, todo lo que tienes que hacer es decir: «*Yo soy* el gran círculo mágico de protección alrededor mío que es invencible, que repele todo elemento discordante que intenta entrar a molestarme. *Yo soy* la perfección de mi mundo y ésta es autosostenida».

¡Oh, amado! Ya no es necesario vacilar, inquirir y preguntar acerca de que «*Yo soy* la Autoridad». Anda, atrévete, usa esta autoridad de Dios que se expresa en el *Yo soy* de todo cuanto existe. Porque tú has estado deseando la Presencia de los grandes Seres Ascendidos, decreta: «*Yo soy* la presencia visible de aquellos llamados Ascendidos Maestros que deseo ver aparecer aquí, ante mí y cuya asistencia invoco».

Ha llegado el punto en que puedes descargar toda discordia de tu mente. Llena tu mente con esta esencia electrónica pura y ninguna discordia podrá entrar mientras tú la mantengas llena con esta Presencia. Te repito que tú eres la autoridad en tu mundo y si tu pensamiento está lleno de esta Esencia, no puede tocarlo siquiera ninguna discordia. Vamos a tomar esta autoridad y la vamos a usar, vamos a limpiar toda discordia y vamos a declarar sin vacilación alguna: «*Yo soy* la supremacía del hombre. A donde quiera que yo me dirija. *Yo soy Dios en acción*».

3. Las huestes de ángeles se regocijan del regreso del viajero que tanto tiempo ha buscado autoridad en el exterior, no habiendo encontrado sino tusas. Después que su energía ha sido gastada, vuelve a casa y ahí encuentra la fuente que lo reconstruye de todas las discrepancias, aún la llamada «vejez». Entonces puedes mostrarte renovado en la plenitud de juventud y poder, porque así es el sendero de la vida de Dios. Hace que se mantenga una maravillosa acción vibratoria expresando cuando cada uno habla suavemente.

CAPÍTULO V

La gran necesidad de hoy es la curación de las naciones y los individuos. Así como se ayuda al individuo derramando en él la energía electrónica a través de su mente y su cuerpo y por medio de su *Yo soy*, llenando cada célula en un grado mayor de expansión, se puede tratar a una nación. Una nación es un gran cuerpo de individuos y de creaciones de la naturaleza. Tenemos el mismo poder para efectuar esto siendo, como lo somos, la presencia de Dios Individualizado. Sabemos, pues, que *Yo soy* está presente en todas partes y cuando la conciencia se apodere de esta expansión, la energía se lanza a actuar en todas partes, tanto en las células del cuerpo mundial como en las células individuales. Debemos darnos cuenta que la Presencia Activa de Dios Todopoderoso está presente en todas partes, que no hay la más diminuta porción en que esté ausente, que esta presencia activa liga a toda la creación humana y consume al instante todo lo inarmonioso o indeseable y que lo único que la detiene es el libre albedrío del individuo a través de su ignorancia y su propia creencia.

A través del *Yo soy*, la Divina Sabiduría actúa repeliendo todo lo que no deba entrar en el sistema. La Omnipresente Sabiduría, a través de nuestra acción consciente, siempre nos está insinuando el no aceptar nada de aquello que en nuestros sentimientos, pensamientos o alimentos pudiera perturbar nuestra actividad armoniosa.

Las corrientes de energía cósmica pura están siempre fluyendo por todas partes como los rayos de un faro. Nuestras actividades exteriores siempre deben estar receptivas a estas corrientes de vida que son energía cósmica pura y que siempre están fluyendo en la atmósfera de la tierra.

Es verdad que donde las condiciones son demasiado densas para que esta energía las penetre, ella las rodea por encima y por debajo y sigue su camino. Desde el año 1932, cada individuo camina dentro de grandes corrientes sanadoras. Por el poder de Ciclópea (Vista), la Estrella Secreta de Amor y los rayos provenientes de la Ciudad Dorada, las tremendas corrientes sanadoras son dirigidas conscientemente a través de la atmósfera de la tierra. Éstas, como comprenderás, son la Energía de *Dios en acción* y naturalmente autosostenida. La conciencia individual de esta Presencia te permitirá contactar estos rayos en cualquier momento.

A los estudiantes que posean un sentido de patriotismo y que deseen ayudar a su propia nación, les diré que estas corrientes sanadoras llegan no sólo a individuos, sino a condiciones, ambientes y lugares oficiales, como una llama inteligente, y que en la actualidad están haciendo una labor de protección y elevación para los hijos de la tierra, como jamás anteriormente, desde la creación de este planeta; y que mientras más personas se dan cuenta de esta operación, mejores serán en el papel de mensajeros y asistentes en este trabajo extraordinario.

Hay una influencia siniestra con la cual nos estamos enfrentando en la actividad terrena; es una fuerza mental que respalda las guerras y se manifiesta conscientemente. Los que deseen trabajar para disolver esta situación deben meditar la idea siguiente hasta que capten el pleno significado que encierra: deben saber que si ellos dirigen esta energía electrónica a través de la tierra, ella irá directamente y sin interrupción al sitio indicado y verá obrar la energía en forma insospechada.

Hay individuos que siendo muy bondadosos y dedicados, se dan cuenta, de pronto, que tienen que abandonar ciertos alimentos y ciertas actividades, lo que les produce una especie de *shock*. Yo les diré que la Divina Inteligencia dentro de cada uno hará que dejen con naturalidad las cosas que no estén de acuerdo con la Gran Presencia, a cada paso y cuando sea necesario. Para que un individuo se abstenga de algo conscientemente, tiene que sentir que hay algo más fuerte que merezca anclarse en ello. A medida que los estudiantes se hacen conscientes de esto, les viene la fuerza y la confianza para dar el paso.

Aquellos que vienen a tu casa merecen la protección divina que a ti te gusta darles. Yo sugiero que, una vez por día, cargues la atmósfera de tu casa con pura energía electrónica, o sea, con la Presencia de Dios, para que no entren en tu casa ni comida ni presencias indeseables. Envuelve a tus visitas en el manto electrónico de la Presencia *Yo soy*, pero no fuerces estas cosas en personas que no las hayan pedido.

Cuando tú dices *Yo soy*, reconoces el poder que destruye toda barrera y oposición. El ser humano es como un león muerto de hambre en la selva. Rompería cualquier cosa para obtener la comida. La conciencia rompería en pedazos a su mejor amigo para salirse con las suya.

En todo elemento Astral hay el elemento del deseo humano. A menos que la mente se cierre completamente al Mundo Astral, se encontrará uno constantemente interrumpido en toda buena decisión, porque se le habrá dejado la puerta abierta a una fuerza mucho más sutil que toda fuerza que haya en el mundo físico. *Muchos piensan que hay fuerzas buenas en el Mundo Astral; yo te digo que ninguna fuerza que venga del Mundo Astral es jamás buena.* Cualquier fuerza buena que parezca venir de allí, ha fabricado su propio túnel para poder pasar.

En primer lugar, ¿qué forma el Mundo Astral? No hay sino un solo lugar donde se pueda albergar una creación indeseable humana, y es en el próximo escalón de actividad humana: el Reino Astral. Este plano de actividad astral contiene todas las formas indeseables acumuladas a través de los siglos. De manera que es fácil ver que nada bueno puede salir de contacto alguno con el plano Astral. *No contiene absolutamente nada del Cristo.*

Algunos tienen una confusión que denominan «La Estrella Astral», pero eso está errado. Se llama en realidad «La Estrella Astrea». Este es un ser cósmico de la Cuarta Esfera, cuyo trabajo es el de consumir todo lo posible de lo que pertenezca al Reino Astral, como también el de llamar la atención de individuos atraídos al Plano Astral. Este gran ser, al fin y al cabo, aclara la comprensión de estos individuos y disuelve sus deseos de mantener algún contacto con ese reino infeliz. No hay niños en el Plano Astral. El hogar de los niños que dejan la tierra es el Plano Etérico. La gente encarnada, cuando está dormida, se encuentra en la misma esfera que los *desencarnados*.

La Presencia *Yo soy* posee una conciencia autosostenedora de tal magnitud, que si uno sale con ella mientras duerme, puede alcanzar alturas increíbles. Si tienes conciencia de tu *Yo soy* en tu conciencia exterior y te la llevas cuando entres a otros planos, verás que es una presencia sostenedora increíble.

Hay un momento en la experiencia de nuestra vida en la cual tenemos necesidad del uso y reconocimiento consciente de la frase: «*Yo soy* la Presencia de *Dios en acción*». Cuando tú tengas esa conciencia y la lleves voluntariamente a través del velo del sueño, tu alma fuera del cuerpo actúa con poderes ilimitados.

Suponiendo que en el estado de vigilia tengas necesidad de algo, antes de dormirte puedes muy bien expresar lo siguiente: *A través del Magno Poder e Inteligencia que Yo soy, mientras mi cuerpo duerme, hago el contacto necesario que me cumplirá abundantemente este requerimiento, no importa cuál sea.*

Debes conocer que esta actividad autosostenida no puede fallar en absoluto y que es una forma grandiosa de poner en movimiento a la Presencia *Yo soy*, ya que cualquier cosa que el *Yo soy* ordene mientras el cuerpo duerme, tiene que ser obedecido. Yo conocí un caso en que había necesidad de protección. El que la usó tenía cierta conciencia de la Presencia. El individuo cayó por un barranco, pero la Presencia *Yo soy*, al instante, construyó una forma que atrapó al individuo y lo puso a salvo antes que la caída continuara.

Cuando se tiene conciencia espiritual y se va a cualquier ambiente donde exista peligro, debe hacerse un tratamiento rápido para su propia protección, ya que mientras uno no haya ascendido, el cuerpo tiene tendencia de contactar el pensamiento exterior de la humanidad. Si el estudiante sube una montaña, debe hacer un trabajo protector, consistente en afirmaciones protectoras. Si mantiene siempre esa labor protectora, puede muy bien evitar la destrucción de terceros. Ejemplo: «Dios es el poder omnipotente protegiendo y dirigiendo este avión (barco, tren o carro), de manera que se mueva en una zona absolutamente a salvo».

En el camino tienes que estar en acción consciente todo el tiempo. Habrá quienes piensan que esto significa temor, pero no es así por el contrario, es el reconocimiento del Poder Protector Omnipresente.

Dios todo lo ve y todo lo conoce. Él mira hacia adelante y evita contactos indeseables. Cuando tú digas: «Dios está manejando este vehículo» la vista divina va delante mirando cuadras y kilómetros y vendrá el impulso de salir a vías libres de interrupciones de tráfico. Nuestro paso será sin obstrucción de ninguna clase porque es Dios quien está manejando el vehículo.

Hay dos motivos que causan accidentes en los estudiantes. El primero, que enfadándose, dejan abierta su aura y la puerta Astral. Segundo, que se olvidan de hacer el trabajo protector. Cada vez que hacemos algo con actitud positiva y dinámica, el exterior va adquiriendo más confianza, más fe y no puede fallar.

Otra forma de protegerse es la de proyectar el cinturón electrónico a nuestro alrededor o el de terceros, diciendo: «Yo soy el cinturón o el anillo o el círculo protector alrededor mío (o de fulano)». Ese cinturón electrónico se forma al instante y es impenetrable e invulnerable a toda cosa negativa. Date cuenta que cuando tú dices *Yo soy*, lo que quiera que tú ordenes es Todopoderoso e instantáneamente cumplido. No puedes usar la presencia *Yo soy* sin que logres actividad instantánea.

Repite a menudo: «*Yo soy* la inteligencia protectora omnipresente y omnipotente que gobierna esta mente y este cuerpo». Esto es instantáneamente cumplido y en acción porque has dicho *Yo soy*. El *Yo soy* que está en todas partes presente está en ese punto haciendo el trabajo en ese momento. Ésta es la forma como pones en acción la Todopoderosa presencia *Yo soy*, por los medios más directos. Ella es *todo en todos*. Y recuérdale a tu conciencia exterior que cuando tú dices *Yo soy* has puesto en función todos los atributos de la Divinidad: estás ya en un punto en que debes ver actividad instantánea. Cuando tú dices *Yo soy*, en cualquier condición, significa que se está efectuando una acción instantánea por el poder más grande del Universo. En el mismo momento en que te haces consciente de que el Yo soy es la plena actividad de Dios y que contiene todos los atributos de Dios, entras en pleno uso de ese magno poder.

Di a menudo: «Yo soy la presencia que produce este hogar maestro». Cuando tú dices: «Yo soy la ascensión de este cuerpo físico ahora», has aceptado y entrado en esa acción en el mismo instante. Cuando estás luchando por adquirir luz en acción ilimitada, estás esforzándote por lograr la cosa más grande que existe en el mundo. Llena tu mundo con la presencia Yo soy y cuando lo hagas, siente que lo estás haciendo conscientemente.

Si tú dices en conciencia «Yo soy la perfecta actividad de cada órgano y célula de mi cuerpo», tiene que manifestarse. Sólo tienes que estar consciente de esto y se hará. Usa a menudo «Yo soy la perfecta salud manifestada ahora, en cada órgano de mi cuerpo». Pon tu confianza en tu Yo soy, en vez de ponerla en una medicina exterior. No puedes decir, por ejemplo: «Yo soy la perfecta actividad inteligente en este cuerpo» y al mismo tiempo estar pensando en que vas a tener que tomar una medicina.

Para limpiar la mente di: «Yo soy la inteligencia perfecta activa en este cerebro».

Para los ojos y oídos di: «Yo soy la perfecta visión mirando a través de estos ojos»; «Yo soy la perfecta audición oyendo a través de estos oídos». Ponte a hacer estos tratamientos con empeño y no puedes fallar. Tienes las riendas, úsalas y evita toda palabra que recuerde la condición limitada anterior. Cuando estés consciente del Yo soy, no te importará lo que haga nadie en este mundo y no debe preocuparte otra cosa que tu propio mundo, ya que tú has realizado que el Yo soy está en todo.

Para cuadrar el círculo usa la actividad Yo soy. No hagas caso a lo que diga nadie. Sólo di, específicamente, lo que tú quieras producir. Repite, repite, repite: «Yo soy la única presencia actuando en esto, Yo soy la única presencia actuando en mi mundo».

Para encontrar cosas perdidas: «Yo soy la inteligencia y el ojo todo avizor que encuentra todo». Te va a asombrar la sensación que te va creciendo por dentro cuando tú no tengas que mirar a ninguna otra cosa sino a tu amado y magno *Yo soy*.

Borra de tu mente todo menos la operación consciente de *Yo soy*, pues es el más alto poder. Lograrás la idea de que todos estos aparentes milagros se producen con facilidad.

Suponiendo que tú quieres iluminar una habitación, di: «*Yo soy* la iluminación de este cuarto». Entonces actúa sobre los electrones del cuarto, ya que iluminar la atmósfera de un cuarto es tan fácil como levantar la mano. Tu capacidad para iluminar un cuarto es tan adecuada como el lograrlo a través de una lámpara eléctrica. Tú puedes tan fácilmente conducir la corriente eléctrica universal a través de ti, como la electricidad corriente es conducida a través de los cables. Para hacer visible la iluminación que está dentro de tu propio cuerpo, o sea, para irradiarla visiblemente, di: «*Yo soy* la iluminación visible a través de este cuerpo ahora». Dentro de ti hay un punto focal.

El *Yo soy* que está en ti creó todo en el universo. Cuando tú entres en la confianza de tu *Yo soy*, Él borrara toda obstrucción. Usa a menudo: «*Yo soy* el poder y la presencia consumidora de todo temor, duda y confusión que pueda haber en mi mente exterior, sobre la invencible actividad del *Yo soy*». Continúa este ejercicio y siempre sabrás instantáneamente lo que debes hacer.

La conciencia del individuo encubre la forma con los conceptos pertenecientes a Él, y cuando éstos son agrupados alrededor del individuo que ha generado cierta energía, no le impone a éste otras condiciones que las de su propio mundo.

Cada vez que te sientas gozoso y lleno de impulso, aprovéchalo, úsalo y decreta.

CAPÍTULO VI

Constantemente recuérdale a la conciencia exterior que cuando tú dices *Yo soy*, pensando en el poder infinito de Dios, has puesto en función ese poder para cumplir con éxito la idea que tienes en conciencia.

Los estudiantes sinceros no deben olvidar esto por un solo momento, hasta que la verdad se radique y actúe automáticamente. Verán, pues, qué ridículo es decir «estoy enfermo, estoy económicamente restringido», cuando parezca faltar cualquier cosa.

Yo te digo que es imposible que seas afectado si te mantienes en la idea anterior. Úsala. Cuando tienes catarro, no necesitas que se te diga que debes usar un pañuelo. Entonces, ¿por qué necesitas que se te recuerde que la actividad exterior no tiene sino sólo un poder que le permite moverse, y que es la presencia *Yo soy* Dios en ti? Lo malo de los estudiantes sinceros es que no meditan lo suficiente a menudo sobre esta verdad, para que su Maravillosa Presencia entre en actividad.

Por ejemplo, si tú dices: «*Yo soy* la majestuosa y victoriosa presencia que llena todos los cargos oficiales» te darás cuenta cuán bendecido serás por hacerlo.

Cuida tus contactos exteriores constantemente para que no aceptes en ignorancia la apariencia de cosas o el temor de aquellos que se llaman financistas. Dios gobierna tu mundo, hogar, negocios y eso es todo lo que te concierne.

No creas jamás que estás dejando que la imaginación se desborde porque sientes la cercanía de la Gran Presencia Individualizada. Regocíjate, cree en esa Gran Presencia que mantiene en ti todo lo que tú puedas desear o usar. Tú no dependes de cosas exteriores. Con esta feliz entrada a este Magno Poder y Presencia que contiene todo, ¿no ves tú que si todo se acabara, tú siempre estarías provisto? Yo quiero que sientas, aceptes gozoso y que con todo tu ser conozcas que el poder de precipitación no es un mito, es real. Los que entren en este sentimiento con suficiente profundidad tendrán todo lo que desean.

Hay niños que han sido castigados por ver seres angélicos y por manifestar que tienen una percepción interior. Son los padres de esos niños los que deberían ser castigados por atreverse a interferir en el don divino de la libertad del niño. Si los grandes vivieran más en el imaginar consciente y en la aceptación de la Gran Presencia, cuya existencia duda la humanidad, sentirían esa presencia elevándolos y dándoles su inteligencia.

¡Mi amado!, si de pronto sientes que necesitas *fuerza o valor*, expresa: «Yo estoy aquí surgiendo y supliendo instantáneamente».

Si tú necesitas *armonía* de mente o cuerpo: «Yo estoy allí supliéndote instantáneamente y no necesitas esperar».

No le des un pensamiento al mundo o a los individuos que no comprenden estas cosas. Continúa regocijado en la presencia activa, visible, de lo que tú desees manifestar y ver precipitado en tu vida y tu uso: «*Yo soy* la presencia activa y visible de esto que yo deseo, ya manifestado».

Nuestro sentido común debe decirnos que a menos que nosotros esperemos, aceptemos y gocemos ya aquello que deseamos, ¿cómo lo vamos a lograr? El pobre e insignificante ser exterior se pavonea diciendo:

«*Yo soy* demasiado importante para poner atención a semejantes cuentos de hadas». Pues permíteme informarte que algún día los individuos que hablan así van a ponerse muy contentos con estos cuentos de hadas y llenarán su mente con esas ideas para verlas surgir.

En cada contacto con el mundo exterior de los negocios y cada vez que haya una condición negativa que aparente tocar tu mundo, instantáneamente toma esta determinación: «*Yo soy* la precipitación y la presencia visible de cualquier cosa que yo desee y no hay hombre ni cosa que pueda interferir en ello».

Cuando yo hablo de precipitación, no sólo me refiero a la apertura de los canales invisibles, sino a cualquier canal, ya que todo es precipitación, lo creado y lo no creado aún, y no hay sino una pequeña diferencia de actividad.

Cuando yo reconozco quien *Yo soy*, he entrado en el gran silencio donde está la más grande actividad de Dios. Este reconocimiento debe traer grandes revelaciones al individuo si él acepta esto gozosamente.

En tu experiencia exterior, la práctica de cualquier actividad desarrolla más y más tu eficacia, ¿no es así? Si uno puede aplicar esto a una actividad exterior, ¿no ves tú cuánto más importante lo es para una actividad interior? Cuanto más lo uses mayor poder manifestarás. Sabes tú que puedes hacerlo con las cosas espirituales, de manera más grande y rápida que con lo exterior, ya que en el espíritu el poder actúa instantáneamente. No hay espera cuando el *Yo soy* actúa.

El hecho de que la musculatura se desarrolle con el ejercicio te debe hacer comprender que el mismo esfuerzo por el poder interno, naturalmente, tiene que producir muchos mayores resultados. Por ejemplo, los hombres creen que tienen que hacer ejercicios físicos para desarrollar los músculos. Pues yo he hecho muchas veces que mis estudiantes desarrollen un bello y simétrico cuerpo con músculos poderosos *sin haber hecho un solo ejercicio físico*. En todo desarrollo, tanto del exterior como del interior, la primera parte del ejercicio es mental. Debemos saber que no hay sino un solo poder y energía y que viene de la presencia *Yo soy* en cada uno. Por consiguiente, el ejercicio de tus facultades interiores es llamado mental; pero yo te digo que es *Dios en acción*, porque tú no puedes formar un solo pensamiento sin la inteligencia y la energía de Dios para lograrlo. Por lo tanto, tu actividad mental es la energía de *Dios en acción*. Ahora verás, pues, cuán fácil y posible es producir un cuerpo físico, fuerte y simétrico, sin hacer ejercicios físicos para lograrlo.

La mayoría de los hombres científicos, médicos o profesores de cultura física negarán esto; pero yo les aseguro que es solamente que no han penetrado profundamente respecto a la energía o el poder que está actuando, pues ninguna actividad puede tener lugar si no es por el uso de esta energía y poder interior. La gente permite que le entren dudas y temores con respecto a los conocimientos de estas grandes facultades que son libres y para el uso de quien las quiere utilizar en cualquier momento. Lo que pasa es que se encuentran sumergidas como un corcho mantenido debajo del agua, el cual, apenas se le suelta, salta a la superficie. Yo te aseguro que es lamentable que los estudiantes sinceros pasen tantos años esforzándose, ensayando y dejando el uso de estas facultades, y luego, porque no las ven operar inmediatamente, se dejan caer de nuevo en un estado de inactividad hasta que algo los vuelve a animar, para recaer de nuevo.

El reconocimiento persistente y determinado de esta Presencia *Yo soy* te llevará al logro absolutamente cierto, a menos que tú lo abandones.

Yo veo en este momento a un buen número de individuos que con un poquito de incentivo y la descripción sencilla de estas prácticas, saltarán a la libertad, especialmente aquellos que reciben la instrucción verbal junto con la radiación que la acompaña.

¿No es desastroso que los hijos e hijas de Dios se sometan a las limitaciones cuando con un esfuerzo persistente y determinado abrirían la puerta y entrarían en esta gran cámara interior llena de luz, joyas, oro y sustancia de todos los alimentos del universo? Y luego con esta verdad plena frente a ellos, estos individuos vacilan aún por la imposibilidad de creer que pueden dar el paso, tomar este cetro y ser libres.

Amado, de nuevo te digo: canta la gran melodía de la Presencia Conquistadora del *Yo soy*. Canta en tu corazón continuamente, siéntela con toda tu habilidad, agárrate fuertemente a esa determinación. El conocimiento y el sendero de esa maestría se te abrirá y se te manifestará la libertad eterna. Simplemente continúa recordándote que ya has traspasado el velo.

Cualquier maestría que el individuo haya adquirido sobre sus asuntos y su mundo es, y siempre debe ser, un retiro sagrado, un santuario interior, en donde ningún otro individuo inquisidor pueda entrar. Nadie puede lograr la maestría pretendiendo encontrar esa maestría en otros.

Buscar, encontrar y aplicar la ley del propio ser es el camino seguro hacia la maestría, y únicamente cuando el individuo la ha logrado es que puede comprender realmente lo que es la verdadera maestría. No hay sino un dominio que buscar y es el dominio sobre el propio ser exterior.

Puedes marchar al lado de un Maestro durante años y no descubrirlo hasta que las propias facultades interiores se lo revelen a uno. Se puede vivir en la misma casa con un Maestro durante años y no saberlo hasta que surge una crisis y el poder real se revela.

Que un Maestro discuta o revele sus propios logros sería disipar sus fuerzas y eso no se debe hacer jamás.

Si un estudiante tiene la dicha de una bella experiencia y luego la comenta con terceros, generalmente hay tantas dudas que surgen en los oyentes y que se derraman sobre él, que pronto comienza a dudar de sí mismo. Es verdaderamente cómico ver cuán convincentes son los argumentos ajenos. El estudiante que escucha esos argumentos ajenos debe hacerse justicia a sí mismo, a su Yo Superior y escuchar lo expresado por esa su experiencia interior.

En el propio momento en que comienza la duda, si se le permite la entrada, continuará creciendo a raudales. Lo mismo ocurre con el *Yo soy*. Si vuelves a Él tu atención, allí se precipita la energía. Amado mío, ¿no ves que cuando deseas alguna revelación o inspiración al decir *Yo soy* eso, pones en movimiento el poder con todas sus facultades, con todas las sustancias y que tiene que asumir cualquier forma en que se fije la atención?

El *Yo soy* es la mente insondable de Dios. Al buscar comprensión, el estudiante corriente sólo está contactando la memoria de lo que ha sido, en lugar de ir al Corazón de Dios y extraer aquello que aún no ha sido.

Los discípulos a veces no ven que han existido muchas civilizaciones con vastos logros totalmente desconocidos hoy en día. Atlántida, Lemuria y la Tierra de Mu, son sólo fragmentos de otras grandes civilizaciones que han existido.

Para lograr hacer cosas poco comunes, aquellos estudiantes que lo deseen, deben tomar la decisión siguiente:

«*Yo soy* el corazón de Dios y ahora produzco ideas y cometidos que jamás han sido producidos anteriormente.»

Considera que *somos aquello que deseamos ver producido*. La presencia *Yo soy* es pues el Corazón de Dios. Se entra inmediatamente en el Gran Silencio en el mismo momento en que se pronuncia *Yo soy*. Si tú reconoces que tú eres *Yo soy*, entonces lo que sea que tú declares queda instantáneamente manifestado.

Creer es tener fe en lo que tú crees que es la Verdad. Hay, pues, un entretejido entre la creencia y la fe. Al principio se hace la creencia; si se mantiene se convierte en fe. Si tú no crees que algo es verdad, no lo puedes traer a la manifestación. Si tú no puedes creer en tus propias palabras cuando pronuncias «*Yo soy* tal o cual cosa», ¿cómo puede establecerse y manifestarse el dicho de Shakespeare: «No hay nada bueno ni malo, el pensar lo hace así»?

Si ya sabes que la Energía Divina le entra al individuo en un estado de pureza perfecta, entonces tienes que ver que es el propio individuo quien recalifica a esa energía, imponiéndole su propia impureza. Esta energía le entra al hombre continuamente con el latido del corazón y él la tiñe con su propia calidad y la proyecta hacia fuera. Este es su privilegio como Creador a Imagen y Semejanza del Padre. Nuestra conciencia individual está siendo proyectada, formando ambiente en contorno nuestro. Por eso, recibe vibraciones de pesar, de tristeza, de alegría, de amor, bondad, etcétera. Y las siente como si fueran propias. Si son buenas, no tiene nada de qué preocuparse; pero si son de impaciencia o de tristeza, debe decirles que se retiren y ordenar que se transmuten para no continuar expandiendo esa atmósfera y contagiando a otros.

Cada uno de nosotros tiene color y sonido. Cada actividad nuestra es, pues, de un color y de un arpegio con una frase musical. Si es distorsionada, sale un sonido feo, disonante y de color sucio. A cada persona que lanza una creación afeante se le devuelve la responsabilidad de aquello. Todo contiene inteligencia.

No consideres el elemento tiempo. Cuando afirmes algo que desees sea manifestado, hazlo con gozo y mantenlo firmemente hasta que se manifieste. Si mantienes constante la presencia *Yo soy*, mientras haces aquello que tú deseas, entrarás en la plenitud y perfección de todo lo que ya está preparado para tu uso. Todo logro permanente debe ser el resultado del esfuerzo consciente de cada individuo.

¿Qué es la lástima? Es ponerse de acuerdo con lo imperfecto. No te dejes jamás invadir por la lástima, pues es como si te dejaras arrastrar a las arenas movedizas teniendo alas con qué elevarte a las alturas, por encima de toda cosa destructiva, elevando al mismo tiempo aquello que estás atestiguando y que quiere producirte esa lástima. No juzgues; mantente firme en la presencia *Yo soy* y todo manifestará la perfección.

Para toda condición imperfecta que tú veas, especialmente la vejez, di: «*Yo soy* la perfección de ese individuo que tiene la apariencia de vejez».

Así habrás puesto en acción a Dios dentro del individuo, ya que Él también pronuncia el *Yo soy*, aunque no sea sino despectivamente. En este caso lo has impulsado a usarlo constructivamente.

No importa lo que tú oigas decir o conversar en el mundo exterior; mantente firme. No te dejes afectar, pues tú estás produciendo perfección y tienes que hacerla manifestar conscientemente.

Si no estás atento, puede que dejes entrar una expresión que te perseguirá por años si no la borras. Cuando conscientemente estés usando la gran Ley, conoce que el poder activo del pensamiento de Dios sabe perfectamente la dirección hacia dónde va y actúa.

Conscientemente dile a tu *Yo soy* que haga lo que sea necesario, dile: «*Yo soy* la inteligencia que califica esto con lo que sea necesario». Esto, por supuesto, si te encuentras en el caso de no saber qué hacer en un momento dado. El todo es que vuelvas tu mente al *Yo soy* que te guía y te mantiene.

Yo tuve un discípulo que calificó en tal forma su círculo electrónico con el poder de curación, que lo llamaban "la sombra sanadora". En el instante en que uno hacía contacto con su círculo electrónico era sanado.

¿Por qué se individualizó Dios? Para tener algo que amar. ¿Por qué fueron divididos los rayos? Para expresar amor. El amor es el Principio Activo de Dios. Cuando tú amas, estás envolviendo aquello que amas en ese Manto de Dios, en aquella Presencia Radiante. Jamás critiques.

Cuando aparentes ver una actividad sexual incorrecta, levanta la conciencia del personaje a un ideal, de manera que el pensamiento de él entre en control consciente y así su actividad sexual se eleve a un plano superior.

El uso limpio y apropiado del sexo es para la expansión del amor en la procreación de una forma, de manera que el alma que viene pueda tener un carácter y un temperamento armonioso y amoroso. El pensamiento y sentimiento de los padres son la actividad modeladora. La naturaleza del principio Vida en el individuo es amar.

La diferencia entre la compasión y la lástima es la siguiente: en la compasión se invoca a la presencia *Yo soy* para que produzca la perfección. La lástima es energía con una sensación de imperfección y sólo intensifica la imperfección que se está manifestando.

Para controlar a un animal se usa el «Yo estoy aquí y Yo estoy allí». Ordeno el Silencio. O se le mira a los ojos y se conoce que el amor de Dios lo controla.

CAPÍTULO VII

Cuando se dio la orden «Hágase la Luz», la primera actividad fue la obediencia. Surgió la luz en cantidades ilimitadas, y así ocurre con todo lo que se refiere a la actividad exterior del único Principio Activo: Dios. Quiero decir que la primera actividad de todo lo externo es la obediencia perfecta a la presencia *Yo soy*, pues sólo así se puede expresar armoniosamente la esencia pura.

Hay que esforzarse por mantener tranquila en todo momento la expresión exterior; así sea entre amigos, parientes, socios o lo que sea, de cualquier condición o edad, pues cada vez que surge el impulso de discutir, criticar o resistir, es la señal de que la conciencia carnal se está entrometiendo para llamar la atención sobre ella. Ese es el momento de darle la orden de observar obediencia y silencio. Lo importante es conservarse en calma, en gracia de amor, luz y obediencia.

Es inútil discutir; silencia tú el exterior. Cuando el estudiante entra ya en el sendero consciente, la menor apariencia de resistencia o de perturbación le indica que debe decretar: «*Yo soy* la obediente e inteligente actividad de mi mente y cuerpo; *Yo soy* el poder que gobierna y ordena todo armoniosamente». Todavía no puedo entrar a enumerar los elementos perturbadores de las actividades exteriores, porque sería impulsar en el estudiante una resistencia o, tal vez, un complejo de culpabilidad. Cuando los estudiantes estén lo suficientemente fuertes para escuchar estas verdades, se les darán. Basta con la mención hecha de que deben estar en guardia para no aceptar resistencia ni tentaciones de criticar. Cada uno debe usar muy a menudo la declaración: «*Yo soy* la guardia invencible establecida y sostenida en mi mente, mi cuerpo, mi hogar, mi mundo y mis asuntos».

Esta guardia es la presencia *Yo soy* y, naturalmente, es Infinita Inteligencia. La conciencia de esto establecerá esa guardia de actividad inteligente, que no tendrá que ser repetida constantemente una vez que sea establecido el impulso, o sea, el *momentum*.

Volvamos al punto de que cada vez que usamos el *Yo soy*, sabemos que está actuando el poder del Amor, la Sabiduría y la Inteligencia Divinas. Usa también la declaración: «*Yo soy* la acción plenamente liberadora del amor divino». (Recuerda que el Amor, como virtud o atribución de Dios, es una entidad viviente, ya que Dios es Vida y todos sus atributos están vivientes.)

Yo sugiero como actividad preparatoria para cada día que los estudiantes declaren con firmeza y con gozo (sabiendo de antemano que el propio poder dentro de la declaración la hace mantenerse vigente): «*Yo soy* el amor, la sabiduría y el poder con su inteligencia activa, lo que estará actuando en todo lo que yo piense y haga hoy. Yo le ordeno a esta actividad infinita que sea mi protección y que actúe en todo momento, haciendo que yo me mueva, hable y proceda únicamente en orden divino».

Y es bueno que durante el día se declare: «*Yo soy* la presencia gobernante que me precede a donde yo vaya durante este día, ordenando perfecta paz y armonía en todas mis actividades».

De esta manera se deja la puerta abierta para el flujo constante de la presencia interior que transformará tu mundo, te impedirá el contacto con la disonancia y hará que la paz y la armonía se hagan en todo contacto exterior.

No importa cuál sea la manifestación dentro o fuera del cuerpo, el estudiante debe adoptar la firme determinación de que su cuerpo es el Templo del Altísimo.

Esta es una verdad incontrovertible y esta actitud mantenida conscientemente traerá el cuerpo a la actividad perfecta, como es la intención divina. Yo les recuerdo en todo momento a los estudiantes que no hay otra forma de lograr adquirir una cualidad o un atributo deseado, sino reclamándolo, sabiendo que existe en nuestro espíritu perfecto. El exterior se ha acostumbrado a creer en la imperfección del ser humano y, por consiguiente, no puede manifestar perfecciones bajo tales condiciones. El pensamiento del estudiante, en general, es el siguiente: «Bueno, ya comprobé que no manifiesto esta cualidad que yo deseo y debe ser porque no estoy lo suficientemente adelantado». Pero yo te aseguro que no importa lo que esté manifestando el cuerpo o ser humano, el fracaso es imposible cuando se ha puesto en movimiento el *Yo soy*, ya que se ha pronunciado la Verdad, además de movilizar los atributos de Dios. Muchas veces he visto a mis discípulos a punto de manifestar una gran victoria y no solamente han fallado en el último momento, debido a la duda y la falta de persistencia, sino que le han cerrado la puerta por tiempo indefinido.

El estudiante debe obligarse a mantener en su mente que cuando se ha puesto en movimiento el Poder de Dios, al pronunciar el *Yo soy*, primero ocurre el caos universal antes de dejar de cumplirse la afirmación. No puede jamás dejar de actuar la actividad *Yo soy*, a menos que el exterior se lo impida. Esto puede ocurrir cuando la precipitación asoma ya en el plano terrenal y la «efluvia»[4] ataca para destrozarla.

Todo estudiante debe vigilarse con gran atención para no usar el *Yo soy* en expresión negativa, porque cuando se dice: «Yo estoy enfermo, Yo he fracasado, Yo no estoy actuando correctamente», se está lanzando esta magna energía para destrozar aquello que deseas lograr. Esto ocurre siempre que se usa el pronombre *Yo*, como ya lo sabes, pues ésa es la válvula que abre el «Poder Universal». Conociendo que *Yo soy* eres tú mismo, cuando dices: «me duele la cabeza, tengo el estómago malo, etcétera», estás lanzando la energía para que actúe en esos órganos en la forma que estás decretando, pues es igual cuando usas diferentes verbos y el pronombre posesivo. Se refieren éstos a una persona: *Yo*. No hay sino una sola persona que pueda afirmar en tu mundo, *Tú*. Cualquier expresión que únicamente pueda ser apropiada por ti, para ti, está incluyendo la energía y la actividad de la presencia *Yo soy*. La actitud correcta es que si un órgano aparenta estar rebelde, hay que declarar y mantener con firmeza: «*Yo soy* la única y perfecta energía actuando aquí, por lo tanto, toda apariencia de perturbación es instantáneamente corregida».

Este es el punto importante que hay que mantenerles a los estudiantes y, si por la fuerza de la costumbre usas algún agente exterior, como por ejemplo, un medicamento, úsalo parcamente, siempre aclarándote a ti mismo la verdad, hasta que adquieras la maestría suficiente para gobernar enteramente por vía de tu presencia *Yo soy*.

Yo te aseguro que aunque creas que el agente medicinal te ha aliviado, siempre es la presencia *Yo soy* la que le ha comunicado al medicamento el poder de aliviarte. Por ejemplo, yo, Saint Germain, he observado el mundo médico por muchos siglos y cada vez que un individuo en autoridad dice que tal o cual medicina ya no sirve, al poco tiempo la medicina desaparece por completo del escenario. Lo que ocurre en la mente de todo individuo pensante es que consideran que ciertas hierbas o sustancias tienen una acción química que corresponde al elemento dentro del cuerpo. Y yo te digo: ¿Qué es lo que te da la afinidad química? El poder de tu *Yo soy* que te permite pensar. Así cuando le das la vuelta al «Círculo de Actividad», encuentras que no hay sino una Inteligencia y Presencia actuando, el «*Yo soy* Dios en ti».

Entonces, ¿por qué no te enfrentas a esta verdad? Plántate sin vacilación y piensa: «*Yo soy* esa presencia en acción». Es la misma Vida en mí y en todos los remedios a los cuales les da su poder.

¿No es mucho mejor ir directamente a la Suprema Fuente de todo, y recibir su Omnipotente e Inagotable asistencia, que no puede fallar, en lugar de concederle a algo interior que te lleva a otro algo exterior, a lo cual tú le has concedido el Poder de aliviar la condición a la cual diste el poder de molestarte?

Yo sé que no es fácil dejar muy viejas costumbres. Pero un poco de meditación obligará al raciocinio exterior a soltar su dependencia en estos remedios exteriores y depender exclusivamente de la gran presencia *Yo soy*.

Por supuesto que no hay otro modo de convencer a un estudiante respecto a esta cuestión vital, sino por la aplicación de estas verdades con determinación y firmeza. Además *nadie puede demostrar-*

le hasta qué grado se puede aplicar la verdad, sólo él puede determinar ese grado. A veces la energía interior, acumulada por el deseo, es de tal magnitud, que el individuo se asombra ante los resultados.

La palabra que emplean los orientales es *om*. Significa lo mismo que *Yo soy* (I am). A mí personalmente me gusta más el *Yo soy*, porque el estudiante siente más la acción de Dios en él. Para los orientales *om* es una presencia universal y no da la conciencia que da la presencia *Yo soy* actuando en el individuo. Esto explica la condición que existe hoy en la India, que por la confusión de tantas castas, han caído en el error de creer que lo que es importante es la entonación en que cantan *om*. Sí, es verdad que impone una actividad, pero no la de energizar la acción del individuo y, por consiguiente, la diferencia de entonación es de poco beneficio.

El sistema de los Maestros Ascendidos desde tiempo inmemorial ha sido el uso consciente de la Presencia *Yo soy*. El reconocimiento y plena aceptación de *Dios en acción* en el individuo es lo que imparte más y más la inteligente actividad, plena y completa, de la Presencia de Dios. Esto es la práctica de la Presencia de Dios, o sea, la Deidad.

Aquellos orientales que han alcanzado grandes alturas, que los hay sin duda, lo han logrado a fuerza de meditar sobre esta verdadera actividad. Tal vez la verdad más sencilla y más poderosa que el individuo puede sostener es que cuando él diga *Yo soy* pone en acción dentro de sí mismo, consciente o inconscientemente, la plena energía de Dios sin adulteración alguna. La energía se convierte en poder, a través del uso consciente. El hecho de que un individuo está encarnado como ser humano es una orden de elevar su mundo a un estado de actividad perfecta. Cuando la conciencia del individuo es elevada, todo el mundo de ese ser es subido al plano de actividad interior.

La frase oriental *O mani padme hum* significa «Dios actuando en el individuo». Usa el *Yo soy* en lugar de *om* en todo momento, porque tal vez tú has vivido encarnado en cuerpos hindúes conociste ese uso, y para impedir que se invoque un uso inferior, emplea el *Yo soy*, para que te lleve a la altura completa.

Cada vez que tú usas el *Yo soy*, pones la pura energía de Dios en movimiento, sin color ni tinte de concepto humano. Es la única forma de mantener la pura energía de Dios incontaminada por calificaciones humanas. Enormes resultados se logran en corto tiempo por medio del uso de las afirmaciones siguientes: «*Yo soy* la pura inspiración; yo soy la Luz pura en acción aquí» (visualiza esto en y a través del cuerpo en el propio momento); «*Yo soy* la pura revelación de todo lo que yo quiero saber».

Mantén para siempre dentro de ti las riendas del poder. La gente teme abrazar el Gran Poder de Dios y dejarlo obrar. ¿Y qué puede haber en Dios que te dé temor? Tienes que reclamar o apropiarte lo que tú desees. Di:

«*Yo soy* ahora el ser ascendido que deseo ser». Esto te envuelve inmediatamente en la Presencia Ascendente.

«*Yo soy* la eterna liberación de toda imperfección humana.» Esto realiza quien es *Yo soy*. «*Yo soy*, acepto ahora mi perfección completa y terminada ya.»

Usa las explicaciones de las afirmaciones para tu propia comprensión, pues la conciencia carnal es un Santo Tomás incrédulo y criticón. No lo dejes dudar. Di: «Este cuerpo mío es el templo de Dios viviente y es ascendido ahora».

Las instrucciones generalmente son para que el estudiante se compruebe la Ley a sí mismo. Di a menudo: «*Yo soy* el poder que gobierna esta actividad y, por consiguiente, siempre es normal».

En todo el Universo no hay un individuo que pueda reconocer el *Yo soy* ajeno para ninguna otra persona. Uno puede dirigirse al *Yo soy* colectivo y, por supuesto, porque en ese *Yo soy* entra uno también, pero no es lo mismo cuando se trata del *Yo soy* individual. Cada paso alcanzado por ti en el reconocimiento de que eres, es una adquisición permanente y no se puede retrogradar.

4. La efluvia es la masa de energía negativa mal usada que flota en todo el planeta o donde quiera que vivan seres humanos y que está compuesta de las emanaciones mentales de todos los seres que, no conociendo la Ley de Mentalismo, no saben que sus pensamientos toman forma, quedan flotando y despiden una gran fuerza.

CAPÍTULO VIII

La felicidad, a veces llamada dicha, es buscada por todo el mundo y, sin embargo, una gran cantidad de los que la buscan con empeño siguen pasando de largo frente a la llave de esa felicidad.

El autocontrol y la autocorrección son simplemente la llave de la dicha perfecta, así como el poder inherente que la mantiene invariable. Sin embargo, una vez que se aprende la verdad de que uno mismo es la Presencia Yo soy y la inteligencia que controla y ordena todas las cosas, lograr esto es muy sencillo.

Rodeando a cada persona existe todo un mundo de pensamientos creados por él mismo. La Presencia Divina, la semilla del *Yo soy* —que es la única Presencia que actúa en el universo y la cual dirige toda energía—, se encuentra dentro de este mundo mental. Por medio de la actividad consciente del individuo esta energía se puede incrementar más allá de todos los límites.

La Presencia Divina Interior puede ser comparada con la semilla de un durazno. El mundo mental o de pensamientos que la rodea se asemeja a la pulpa. La pulpa no sólo simboliza el mundo mental creado por el individuo, sino la sustancia electrónica universal esperando ser impulsada por la determinación consciente del individuo, para ser precipitada a su uso perceptible en la forma que a él le convenga o desee.

Por medio del *autocontrol* se nos presenta el camino seguro hacia la comprensión y uso de este poder consciente. ¿Qué quiero indicar con la palabra «autocontrol»?:

1) La inteligencia *Yo soy* es la única Presencia activa,
2) entendiendo esto, también sabemos que no hay límites ni restricciones para el uso de este poder, y

3) que los seres humanos al haber recibido el libre albedrío, libre selección y libre actuación, lo que crean en su mundo mental *es todo aquello en lo que fijan su atención*.

Por fin, ha llegado el momento cuando todos deben saber que el pensamiento y el sentimiento constituyen el poder creador más grandioso en la vida y el universo. Sólo hay una manera de usar el poder pleno del pensamiento-sentimiento, que llamamos *Dios en acción* y es manejando el autocontrol y la autocorrección, con ellos se puede adquirir rápidamente el entendimiento para emplear y dirigir este poder del pensamiento sin limitación alguna. Cualquier persona puede mantener su pensamiento firme en cualquier deseo, del mismo modo que una llama de acetileno se mantiene quieta sobre una soldadura, una vez que ha alcanzado el suficiente autocontrol. Asimismo sabiendo que la Presencia *Yo soy* es la que está pensando, o sea que es *Dios en acción*, en el momento en que se deja fija la conciencia en cualquier deseo se advertirá que se puede traer a la visibilidad o precipitar lo que se necesite, quiera o desee. No se trata de no poder pensar en alguna otra cosa; si ese fuera el caso, ¿cómo se podrían llevar a cabo las innumerables obligaciones que llenan nuestros días? Por eso siempre se tiene que recordar el punto en cuestión. Se sabe que es Dios o la Presencia *Yo soy*, quien invariablemente, con todo su poder, está actuando para precipitarnos el deseo.

Escucha atentamente, se ha probado de innumerables formas que la felicidad no es producto del *efecto* que produce una cosa. El individuo se hace maestro o dueño de su mundo gracias, únicamente, a la comprensión de la *causa* que origina las cosas.

El autocontrol se practica pensando y declarando de inmediato ante cualquier discordia que se presente: «No señor. Mi *Yo soy* es perfecto y esto no puede ser cierto. Anulo, pues, aquello que esté hecho por mi conciencia exterior y sólo reconozco la perfección manifestada». ¿Entonces qué sucede? Puesto que has abierto la puerta a Dios, *Yo soy*, él corrige todo lo externo.

Saint Germain dice: «Querido estudiante, si consiguieras vislumbrar el magnificente brillo que se presenta en ti en el momento que sostienes de este modo tu autocontrol frente a la actividad exterior, aumentarías todos tus esfuerzos para alcanzar el autocontrol y maestría sobre toda manifestación externa. De este modo, se le permite a la magna Presencia Yo soy liberar su enorme poder en nuestra conciencia y uso exterior».

En este momento vamos a eliminar de la mente de los estimados discípulos la noción de espacio, tiempo y distancia. En la naturalidad y seguridad del autocontrol se encuentra la llave que abre la puerta a todas las esferas superiores o planos superiores. La gran verdad que dice: «Donde está tu conciencia estás tú», y que el Yo soy está en todas partes es lo que todo estudiante debe recordar.

La idea de que hay espacio, tiempo y distancia únicamente es una invención del hombre. Cruzar a través del finísimo manto que separa a la conciencia de su pleno poder y actividad interior es solamente una cuestión de estado de conciencia, es decir, de pensamiento-sentimiento. Las personas que están luchando por alcanzar la Luz habitan continuamente en las esferas superiores. La perfección de estas esferas excede toda imaginación. En el momento que entres en ellas, consciente y libremente, descubrirás que todas las cosas que ahí existen son tangibles como cualquier edificio de aquí.

Alcanzar esta maestría les será más fácil con la afirmación «Yo soy el poder de mi autocontrol total, sostenido para siempre». Los estudiantes deben estar conscientes de que en el momento en que reconozcan la intervención de la Presencia Yo soy, no es posible que sea obstruida o interrumpida de alguna forma. El conocimiento de la eternidad se alcanza cuando se sabe que no hay ni tiempo ni espacio.

Para tener acceso, completamente consciente, a una esfera que esté más arriba que el mundo físico, únicamente hay que adaptar o transformar la conciencia. ¿De qué manera lograrlo? Entendiendo que ya estás allí conscientemente.

Di frecuentemente: «Ya no puedo ser afectado por dudas y

temores gracias a la energía del círculo electrónico que yo he creado a mi alrededor. Yo tomo dichoso el cetro de mi *Yo soy* y paso con decisión a cualquiera de las esferas superiores en que yo quisiera entrar, asimismo guardo viva y perfecta memoria de mis actividades allí».

Con este ejercicio estarás, en corto tiempo, disfrutando de la libertad ilimitada y la felicidad perfecta de desenvolverte en cualquier esfera que tú elijas.

Tan accesible y sencillo como ir a tus estanterías a tomar el libro que necesites es estar consciente de las cosas que están mil años adelante. La enorme creencia en el tiempo y espacio, aceptada por la gran mayoría, ha sido el gran obstáculo para la libertad humana.

Aquellas personas que se han desilusionado al darse cuenta que la riqueza y los efectos exteriores de las cosas no pueden traer la felicidad, entienden la maravillosa bendición que dentro de su propio pensamiento creativo —energía e inteligencia— tienen: toda la dicha, perfecta libertad y autoridad.

En el momento que el estudiante entienda que aquello en lo que él fija su atención se le adhiere, es decir que se convierte en parte de él o se transforma en aquello de acuerdo con la atención que le ponga, verá la importancia de mantener su pensamiento lejos de todo lo destructivo en la esfera humana. Por eso el estudiante tiene que aprender a solicitar, antes de poner su atención en las cosas destructivas, a la amada Presencia *Yo soy*.

Cuando comentamos y discutimos los defectos de nuestros familiares, amigos y asociados, esos defectos se registran en nuestras conciencias y parecen que aumentan en el otro. Esto se debe a que ponemos nuestra atención en lo destructivo y nos transforma en ello.

El hecho de que existan en el mundo ciertos hijos de Dios que dirigen incorrectamente y contaminan la energía electrónica que les viene de su Presencia *Yo soy* —magos negros o brujos—, no es razón suficiente, simplemente porque sabemos de sus acciones, para que permitamos que nuestra atención se fije en eso. Lo que nos concierne es mantener nuestra atención libre para que se concentre en nuestro propio autocontrol manejándolo para que se enganche en lo que nos es útil.

Cuando se vuelven a repasar o a analizar cosas negativas y destructivas o cuando alguien les ha hecho algún mal y se permiten volver a recordar el incidente, pocos se dan cuenta de que esos hechos se están grabando y reconstruyendo en sus conciencias puras, ensuciándolas y atrayendo el resultado, de esa manera vuelven a ocurrir una y otra vez.

Es tonto permitir que nos afecten y perturben actividades, reales o imaginarias de la conciencia exterior; esto es algo que yo quiero grabar en las mentes de los estudiantes, ya que una vez que sepan «Yo soy la única Presencia todopoderosa actuando en mi mente, mi cuerpo y mi mundo», ya no los afectará ni perturbará ninguna entidad del mundo exterior. Deben saber que no importa lo que otros traten de hacerles: son completamente inmunes a las molestias y perturbaciones de esas mentes.

El individuo se sentirá libre de la ambición de las riquezas y de todo lo que el mundo exterior pueda ofrecerle, cuando se dé cuenta de que su propio pensamiento-sentimiento le puede producir todo lo que necesite.

No existe nada como un mundo «sobrenatural», se los aseguro. En el momento que entramos a una esfera superior se hace tan real y verdadera como ésta. Se trata, simplemente, de otro estado de conciencia. Te diré que de aquí a cien años, para contento de tus familiares, existirán cientos de personas que serán capaces de usar los rayos cósmicos para limpiar y conservar sus casas, y cuando ya no sientan la necesidad de seguir las modas implantadas por las ideas mercantiles, tejerán sus propias prendas «de un solo hilo y sin costuras», confeccionadas con los rayos cósmicos.

Varios estudiantes me preguntan a qué se debe que los maestros, con todos sus poderes creadores, optan por vivir en habitaciones modestas. La razón es muy simple. La mayoría de sus actividades las realizan en esferas superiores, mandando magnos rayos de Luz, para bendecir a los seres humanos desde sus moradas de Luz y sabiduría tan hermosas y trascendentes, como para volverse etéreos frente a aquellos que aún habitan cuerpos físicos. Si los estudiantes consiguieran entender esto se evitarían mucha confusión y tendrían más tiempo para utilizar en la actividad de la gran Presencia *Yo soy*.

Esto los conduciría a un estado trascendente, el cual consume el deseo por las riquezas del mundo exterior que no son sino porquerías en comparación al poder creador inherente en toda persona. Este estado puede manifestar el poder trascendente por medio del autocontrol y la maestría. Amado estudiante, hijo del Dios Único, yo te digo: ¿No vale acaso la pena aplicar tu más sincero esfuerzo cuando sabes que no puedes fracasar? Libérate para siempre de todas esas cadenas y restricciones que han torturado a la humanidad a lo largo de las edades, empuña el cetro de tu Magno Poder Creador. Yo te garantizo que todo aquel que se esfuerza en alcanzar el cetro y la maestría obtendrá toda la ayuda que requiera.

Aquel que comprenda totalmente el poder de su habilidad creadora debe saber que es capaz de crear todo lo que desee, no importa cuál sea el rango vibratorio en la Luz, o en cualquier otra condensación, que quiera mantener.

Tú sabes que, del mismo modo en que tienes la habilidad de transportar tu pensamiento de Caracas a Nueva York, al mismo tiempo eres capaz de transformar tu pensamiento desde un estado de Luz a una condensación tan espesa como el hierro. Con esto te darás cuenta que lo que tú haces a cada instante, consciente y voluntariamente, puedes hacerlo con mucho más poder si concentras tu atención en aquello que deseas manifestar.

Lo que origina esa duda que te inquieta es el hecho de que tú aún no hayas precipitado de lo invisible a lo visible. Tu valor y determinación surgirán hasta el día en que logres manifestar una simple precipitación; así, en el futuro, no tendrás problemas en precipitar lo que se te antoje. *"La atención" es el conducto por medio del cual la Magna Energía es atraída y fluye a su realización.*

A lo largo de las centurias, la humanidad ha construido los muros que la limitan. Es el momento de derribarlos y consumirlos a como dé lugar. Al inicio es necesario tener determinación para conseguirlo; sin embargo, cuando uno entiende que es el Poder de *Yo soy* el que está trabajando, se sabe que no se puede fallar. En el exterior únicamente es necesario mantener nuestra atención fija en el objeto que deseamos hacer visible, nos concentramos y de pronto encontramos el objeto materializado y quedamos maravillados al comprobar que hemos vivido todo este tiempo sin hacer uso de este poder.

De la sustancia precipitada, o condensación de Luz, se desprende un largo rayo que es controlado por la mente del que lo utiliza. Este resplandor es muy grande si esa conciencia se eleva muy alto.

La «Joya de Luz» todavía está en su trascendente estado de perfección. Esta joya es una sustancia condensada —como el diamante, esmeralda o rubí—, pero, evidentemente, adquirirá la condición de aquel que la lleva. La joya o piedra perderá su brillo si el rango vibratorio de esta persona es bajo, en tanto que si su pensamiento es elevado, esta piedra se volverá muy luminosa.[5]

El estudiante sincero, que está descubriendo la Luz, tiene que calificar todo lo que hay a su alrededor con la calidad de su Presencia *Yo soy*, sin importar qué apariencia tenga.

Si por causa del miedo crees que hay una Presencia perturbadora, sólo tú eres el causante, porque si existiera alguna Presencia perturbadora y tú la calificaras con la Presencia Yo soy, *verías que es improbable que ella te pueda trastornar. Dado que no hay sino una sola energía actuando, en el mismo momento en que tú sabes que ella es la Presencia* Yo soy, *has modificado aquella actividad con perfección.*

La esperanza es una vigorosa conciencia calificadora. La viva esperanza es algo maravilloso, pues siempre precipita o manifiesta. A lo largo de los siglos el hombre ha tejido un manto que le oculta las esferas superiores. Ahora bien, el sentido común y la razón dicen que si él ha creado este manto, entonces él puede destruirlo.

Una poderosa emanación ha surgido hacia los estudiantes; esta emanación se mantendrá hasta que ellos reciban el trabajo que hoy se ha pronunciado. Pero algo que se debe profundizar es transmitirles, por medio del pensamiento-sentimiento creativo, la sencillez, facilidad y certeza con que puede ser materializada la idea. Esta acción detendrá la pregunta: «¿lo conseguiré?», y en su lugar se formulará un «yo puedo» y *Yo soy*. Ante cualquier afirmación y resolución añadan su deseo de guardar el recuerdo de cada experiencia así como los resultados.

De tiempo en tiempo, si los estudiantes se esfuerzan recibirán la iluminación que les otorgará toda la confianza necesaria. *Manténganse aferrados a una idea y estén seguros de que cualquier conocimiento que necesiten se presentará instantáneamente.*

No puede existir una cualidad o apariencia en tu mundo sin que tú mismo se lo permitas, en otras palabras, cuando tú dejas que tu atención se fije en algo externo, en ese momento le estás dando el poder de actuar en tu mundo.

5. Toda joya simboliza una actividad superior de la Sustancia Divina. Entre más intenso es el fuego, mayor es el poder purificador. El oro, por ejemplo, no requiere de ningún otro elemento, así como no se adhiere a ninguno: todos los metales y aleaciones se adhieren a él. Esto se debe a que el oro es un elemento puro.

En cualquier actividad en la que el fuego esté presente, llega un momento en el que la llama se torna dorada. En toda consumación de sustancia hay un momento en que la llama es de color rojo, esto se debe a que el color rojo es el de la liberación de impurezas.

CAPÍTULO IX

Incluso para los estudiantes más sinceros, hay una cosa que es muy importante, y es la obligación que tienen de darle tiempo a la meditación por la mañana o por la noche, así como la de calmar la actividad exterior para que la Presencia Interior pueda brotar sin obstáculos.

Meditar quiere decir sentir realmente la activa Presencia de Dios, por eso cuando se está meditando no debemos llevar con nosotros todas las perturbaciones que nos han alterado hasta ese momento. Todo aquello que nos pueda alterar hay que quitarlo conscientemente del sentimiento y de la atención, ya que es una forma de sentir la Presencia de Dios y no para mover todos los disgustos. Cuando se pronunció esta sentencia: «Conoced la Verdad y ella os hará libres», fue con el propósito de aceptar y reconocer la actividad de la gran Presencia *Yo soy*. Por eso:

1) Vuélvete consciente de que el *Yo soy* es el Primer Principio y que es la completa confianza de liberación, ahora mismo.
2) Entiende que: «*Yo soy* es la Presencia activa que rige toda manifestación en tu vida y tu mundo perfectamente». De este modo has accedido a la Verdad que te proporcionará toda libertad.

Ahora tengo que decir algo que, si no fuera tan serio, sería cosa de risa. Si tu perro continuamente llevara huesos de la cocina a la alfombra de tu salón, lo castigarías. Evidentemente, juzgarías que está haciendo algo impropio. ¿No te das cuenta, querido estudiante de la Verdad, que desde el momento en que dejas que tus pensamientos recuerden experiencias desagradables estás actuando mucho peor que el perro? Aparentemente, es muy difícil de entender —y ese es el problema— que nunca, bajo ninguna circunstancia, se debe detener el agua que ya pasó por debajo del puente. Es decir que *las pérdidas, las experiencias desagradables o cualquier desperfecto que haya ocurrido en tu vida no deben, de ningún modo, ser retenidas y recordadas en el presente. Perdona y olvida, pues son cosa del pasado. Dar y perdonar son dones divinos.* Por ejemplo: Si una persona que ha emprendido un negocio ha fracasado, se debe, siempre, a la disonancia mental de su actitud y sus sentimientos. Si cada persona que se encuentra en circunstancias similares creyera firmemente que únicamente existe *Dios en acción*, alcanzaría el éxito más perfecto.

Aquella persona que no controle su mundo sensorial se encontrará destruyendo todo, lo propio y lo ajeno, ya que cada individuo tiene libre albedrío. Esta es la gran Ley, a menos que el individuo rectifique sus pensamientos y sentimientos y los conserve rectificados.

Todo ser encarnado ha cometido una gran cantidad de faltas. Y esta es la razón por la cual nadie debe tomar la postura de: «Yo soy más santo que tú», por el contrario, si se está sintiendo crítica, se debe implorar por la Ley del Perdón, ya que condenar u odiar a otro hijo de Dios provoca que nunca se pueda mejorar. En lugar de reprochar debe decírsele mentalmente a esta persona: «Te envío la totalidad de mi amor divino para bendecirte y para que prosperes». Esta es la actitud que libera de las decepciones de la actividad exterior.

Aquellas personas que asiduamente están recapitulando en sus mentes o en sus conversaciones algún negocio que fracasó, deben estar concientes de que si no solicitan la Ley del Perdón para borrar totalmente aquella situación, finalmente, ellos mismos se arruinarán.

Si por algún mal, imaginario o real, hay alguien que mantiene una actitud vengativa acarreará sobre sí mismo alguna incapacidad física o mental —como parálisis o mal de Parkinson—. Aquel antiguo dicho que dice: «A menos que tú perdones, ¿cómo esperas ser perdonado?». Es una de las más duras leyes en la experiencia humana. ¡Si consiguieras ver de qué forma se adhieren las cosas que ya no se quieren cuando te permites recordar los problemas que sabes que ya no tienen remedio!

En realidad las cosas más hermosas que está buscando la humanidad son la Paz y la Libertad, ya que siempre son las puertas de la felicidad. Conocer a Dios en la Presencia *Yo soy*, es la única manera de recibir la Paz y la Libertad, ya que esta Presencia es la única Inteligencia que actúa en tu vida y tu mundo en todo momento. Acepta esto, vívelo. La idea deformada de la libertad financiera es una de las cosas más sorprendentes que he atestiguado desde que estoy en el Estado Ascendido. No existe mas que una roca segura sobre la cual se puede edificar la libertad financiera eterna, y es la de sentir y entender en todas las fibras del ser. «*Yo soy* la sustancia y la abundancia ya perfeccionadas en mi mundo, de todas las cosas provechosas que yo pueda pensar o desear». Ésta es la auténtica libertad financiera. Esta idea te la traerá y no permitirá que se te escape.

Por otro lado, el ser humano puede utilizar, consciente o inconscientemente, lo que necesite de esta Presencia *Yo soy* o de esta Energía Divina para que, a través de la actividad exterior, acumule millones de dólares. Sin embargo, ¿qué seguridad tiene de que los va a conservar? Es imposible que algún ser en el mundo físico sea capaz de conservar la riqueza acumulada si no tiene en cuenta que Dios es el Poder que la produce y la conserva, eso te lo puedo asegurar. Constantemente, frente a ti, ves innumerables ejemplos de grandes riquezas que se acaban en una noche.

En años recientes ha habido en el mundo miles de personas que se han visto en este caso, pero si aún después de haber perdido sus riquezas toman la decisión consciente: «*Yo soy* la riqueza de *Dios en acción*, ahora manifestada en mi vida y mi mundo», la puerta se les abre instantáneamente para recibir, una vez más, la abundancia. ¿Por qué se dice «una vez más»?, porque si fueron ricos lograron construir un gran *momentum* de confianza. Todas las condiciones estaban dadas para que la riqueza no se fuera pero, en la mayoría de los casos, estas pérdidas se dan porque se permite la entrada a grandes tristezas, normalmente odios y condenación, por eso se cierra la puerta al mejoramiento.

Querido hijo de Dios, déjame asegurarte que nunca, en este mundo, hubo un estado tan malo que estuviera fuera de la activa Presencia de Dios, *Yo soy*, con su inmortal impulso y valor para reconstruir de nuevo la independencia financiera. Lo siguiente es algo que yo quiero que los estudiantes entiendan: en estos días en los que tronos, gobiernos y fortunas individuales se derrumban, es necesario que entiendan y sepan que sus riquezas se han perdido por ignorancia y desconocimiento. La Presencia *Yo soy* en ellos, *Dios en acción*, es lo que con seguridad reconstruye la fe, la confianza, la riqueza, o sea, cualquier cosa en la que ellos quieran enfocar su atención consciente; de este modo ellos permiten que esta energía interior circule a través de sus deseos, pues éste es el único poder que nunca ha dejado de conseguir algo.

Aquella persona que haya vivido una supuesta pérdida económica, debe utilizar en el acto la extraordinaria afirmación de Jesús: «*Yo soy* la Resurrección y la Vida... (de mi negocio, mi comprensión o lo que sea pertinente)». Querido estudiante, te digo francamente que no existe esperanza alguna, en el cielo o en la tierra, para aquel que insista en conservar en su mente pensamientos y sentimientos de odio, condenación y crítica de cualquier tipo, incluso hasta un pequeño resentimiento. Todo esto nos conduce al punto más importante y es que *únicamente te debe importar tu propia actividad y tu mundo. Juzgar a otro es algo que no te incumbe, ya que tú no conoces las fuerzas que lo influyen a él ni a sus circunstancias. De otra persona tú solamente conoces el ángulo que ves,* y si alguien envía pensamientos de odio, condenación o crítica a un tercero, que fuera totalmente inocente de toda tentativa de dañar al prójimo, yo te digo que éste estaría cometiendo algo más infame que un asesinato físico. ¿A qué se debe esto? Dado que el pensamiento-sentimiento configura el único poder creador y pese a que dicho sentimiento-pensamiento no puede dañar el objetivo, tiene que arrastrar y regresar —siempre con energía almacenada— la naturaleza del mensaje enviado por la persona que lo lanzó. Por eso es que tales pensamientos perjudiciales dirigidos a otros están arruinando los negocios y asuntos del que los envía. No existe forma alguna de evitarlo, a menos que aquella persona despierte y, conscientemente, modifique las energías.

Vamos a dar otro paso. A lo largo de todas las eras han existido sociedades comerciales en las cuales una o más personas han intentado, deliberadamente, dañar a sus semejantes, de ese modo personas completamente inocentes han sido inculpadas y encerradas. Así te aseguro que es una Ley que nuca falla, aquel o aquellos que pueden ocasionar el encarcelamiento de personas inocentes, despojándolas de su libertad de acción, se atraerán la misma calamidad —hasta la tercera y cuarta encarnación— en sus propias vidas.

Yo elegiría mil veces morir, que ser el instrumento que pudiera despojar de su libertad a cualquiera de los hijos de Dios. No hay mayor crimen, en la experiencia humana actual, que el uso de las evidencias circunstanciales, ya que en el noventa y nueve por ciento de cada cien casos se descubre después que estas pruebas han sido absolutamente falsas. La Verdad, algunas veces, nunca es conocida por los sentidos exteriores. Queridos estudiantes, así pues, ninguno de aquellos que buscan la Luz se convierta, jamás, en juez de ningún hijo de Dios.

Supongamos que una persona a la que amamos mucho está procediendo irracionalmente. ¿Qué es lo primero que normalmente hace todo el mundo? Criticarlo y juzgarlo. Lo mejor que se puede hacer en favor de esa persona es llenarlo de amor y darle a conocer, mentalmente: «*Yo soy Dios en acción*, la única inteligencia y actividad controlando a este hermano o hermana». Seguir hablándole mentalmente a su conciencia es la ayuda más grandiosa que se le puede dar.

La mayor parte de los argumentos verbales que se le pueden dar a esta persona crearían un estado antagónico, incrementando, en vez de eliminar, la actividad negativa. Trabajando en silencio, alcanzarías tu objetivo con absoluta seguridad.

Lo que la Presencia *Yo soy* de un tercero desea realizar es algo que nadie puede saber. Si estas importantes verdades se utilizaran más seguido, traerían la paz a las vidas de los seres humanos.

El esfuerzo que se pone en algunos negocios, muchas veces, no puede frenar el decaimiento de los mismos, esto se debe a que en la conciencia de los socios hay otro juicio, condenación o un sentimiento de odio oculto y disimulado.

El individuo o estudiante que anhele progresar rápidamente en la Luz, no debe, de ningún modo, dormirse hasta que no haya emitido su amor a toda persona que él considere que, en algún momento, le ha hecho algún daño. Este pensamiento de amor sale directo, como una flecha, hacia la mente del otro individuo, ya que no existe nada que lo pueda detener, y difundirá su energía y eficacia en el lugar al que ha sido enviado. Es indudable que se restituye en el mismo momento en que es emitido. No hay ninguna otra cosa que sea causante de tantos malestares del cuerpo y de la mente como el sentimiento de odio enviado hacia otra persona. No se puede predecir cómo irá a reaccionar en la mente y el cuerpo del que lo envía. En uno puede que produzca un efecto, y en otro un efecto diferente. Que se entienda bien: el rencor o resentimiento no son sino otra forma de odio, aunque de un grado menor.

«*Yo soy* el pensamiento-sentimiento creador perfecto que está presente en todas las mentes y corazones de todo el mundo en todas partes.» Este es un maravilloso pensamiento para vivir siempre con él. Es algo extraordinario. No sólo da paz y tranquilidad al que lo envía o al que lo genera, sino que provoca dones sin límites que vienen de la Presencia.

Otro pensamiento es: «*Yo soy* la magna Ley de Justicia y protección divina actuando en las mentes y corazones de todo el mundo». Puedes emplear y usar esta afirmación, con enorme fuerza y poder, en cualquier circunstancia. Otro es: «*Yo soy* el amor divino que llena las mentes y corazones en todas partes».

En la experiencia humana absolutamente todo puede ser regido por la Presencia *Yo soy*. *El uso de la Presencia Yo soy es la actividad más alta que se puede enseñar*. En el momento que tú dices *Yo soy*, pones a Dios en movimiento. Ejecutarás el formidable poder del *Yo soy* en el momento que conozcas y sientas la magnificencia del uso de esta expresión. Cuando tú dices «*Yo soy* el Poder de Dios Todopoderoso», habrás liberado y soltado la plena actividad de Dios y no existe otro poder que pueda operar.

Otra aseveración es: «Yo soy la memoria consciente y la comprensión en la utilización de estas cosas». Cuando tú digas: «La Presencia Yo soy me viste con mi traje de luz eterna y trascendente», esto actúa en ese momento realmente.

Esta Presencia Yo soy es el lugar secreto del Altísimo. Las cosas santificadas que te estoy revelando no debes dejarlas de lado. Son como perlas. Siempre procura decir: «En todo momento Yo soy la perfecta prudencia en mi hablar y en mi trabajo porque Yo soy la Presencia protectora». Entonces la salvaguardia siempre está preparada.

El poder de Dios siempre está esperando para ser encaminado. Inseparable de la expresión Yo soy, está implícita la actividad autosostenida. En este momento sabes que no existe el tiempo; esto te aporta la acción inmediata y tu precipitación pronto tendrá lugar. Antecediendo a la manifestación, precipitación, siempre sentirás una tranquilidad absoluta.

Sentencias metafísicas para las personas que están enfrentando un asunto legal: «Yo soy La Ley. Yo soy La Justicia. Yo soy El Juez. Yo soy El Jurado».

Entonces afirma, pues ya sabes que el Yo soy es Todopoderoso, que *sólo la Justicia Divina puede hacerse aquí.*

CAPÍTULO X

Con todos los siglos de actividad, hemos alcanzado el punto céntrico donde las experiencias de las eras entran en acción instantánea, donde todo espacio y tiempo se transforman en la *Única Presencia de Dios en Acción ahora*.

Sabes que lo que late en tu corazón es la Presencia de Dios, *Yo soy*, por eso entiendes que tu corazón es la Voz de Dios y en la medida en que tú meditas y dices: «*Yo soy* la suprema e inteligente actividad de mi mente y mi corazón», enviarás a éste el auténtico y divino sentimiento en que puedes confiar.

Ha sido tanto tiempo durante el cual la humanidad sólo ha amado con el exterior del círculo, que una vez que el estudiante se dé cuenta que Dios es el verdadero Amor y que la actividad de Dios Amor se proyecta gracias al corazón, entenderá que al concentrar su atención en el deseo de proyectar amor hacia cualquier ideal, puede generar amor a un grado inimaginable y, del mismo modo, sabrá que es un privilegio superior de la actividad exterior de la conciencia. Hasta ahora los seres humanos no han comprendido que el Amor Divino es *un Poder, una Presencia, una Inteligencia, una Luz y una Entidad* que puede ser acrecentada al tamaño de una llama ilimitada; que toda persona, especialmente si es estudiante de la Luz, tiene la capacidad de generar esta Presencia de Amor que se convierte en una interminable, invencible entidad pacificadora, presente en donde quiera que la persona la dirija.

Existen personas que piensan y afirman que: «al Amor no se le puede mandar». Pero yo te aseguro que el Amor es el Primer Principio de la Vida y puede ser generado en cualquier nivel y de forma ilimitada para uso eterno. Tal es el extraordinario privilegio, uso y orientación conscientes que puede tener el Amor.

Si yo digo «generar», quiero decir abrirle la puerta con fervor consciente a la emanación de este interminable germen de Amor Divino que es el Corazón de tu Ser, el Corazón del Universo.

Los estudiantes se podrán convertir en una fuente de esta emanación gracias a la meditación de este poder ilimitado de Amor, del que podrán disponer usándolo, dirigiéndolo, conscientemente.

En el momento en que mis queridos estudiantes deseen acelerar su liberación de tales o cuales actividades exteriores, molestias dolorosas, etcétera, les recomiendo decir: «*Yo soy* la Presencia que manda la energía inagotable, la sabiduría divina haciendo que mi deseo sea cumplido». Esta afirmación te hará libre de cualquier circunstancia indeseable y es el procedimiento que la propia Ley de tu Ser permite. Ahora que ya sabes esto, también puedes decir: «Ahora esta Presencia *Yo soy* permanece intacta ante cualquier alteración de la condición externa. Tranquilo, yo pliego mis alas y moro en la acción perfecta de la Ley Divina y en la Justicia de mi Ser, decretando que todo en mi círculo emerja en perfecto orden divino».

Este es el más grande honor del estudiante y, en todo momento, debe ser su regla. Ahora te diré algo que debe resultarte muy alentador. Todo estudiante que está esforzándose por alcanzar la Luz está siendo templado como si fuese el mejor acero para que resista mucho tiempo, aguante mejor todo y sea aún mejor. Esto es lo que la experiencia de la vida le trae a la persona. Si continúan brotando experiencias angustiantes, cuando uno anhela ser liberado, éstas no son otra cosa sino el fortalecimiento del carácter para darle una última, perfecta y eterna Maestría sobre todas las cosas externas. Entendiendo esto puedes alegrarte de la experiencia, ya que te está llevando hacia la gloriosa, extraordinaria Presencia *Yo soy* para que te solaces en ella.

Así que, querido estudiante, no te impacientes en medio de las experiencias que parecen pesarte. Afróntalas con alegría, porque cada paso que des hacia adelante lleva a la Meta Eterna y no volverá a ocurrir. Que el estudiante siempre recuerde pronunciar la siguiente aseveración: «*Yo soy* el valor, la fuerza, el poder de avanzar a través de toda experiencia, cualquiera que sea, y permanezco jubiloso, enaltecido, lleno de paz y armonía en todo momento, por la gloriosa Presencia que *Yo soy*».

Para el corredor, el momento previo a la carrera está lleno de gloriosa anticipación, pero conforme se acerca a la meta, y el contrincante se aproxima, él saca sus últimas energías, el aliento se le termina y con el salto final alcanza la línea del triunfo. Sucede lo mismo con los estudiantes en el sendero. La Presencia *Yo soy* no puede fallar, lo sabes con la práctica, de forma que todo lo que se necesita es apretarse el cinturón, aparejarse para lo que sea necesario y despedirse con la mano del adversario. Pero el estudiante es más afortunado que el atleta, ya que sabe desde el inicio que no puede fracasar porque: «*Yo soy* la energía inagotable e inteligente sosteniéndome».

Dentro de la Presencia *Yo soy* se encuentra el poder de precipitación. Esto se tiene que recordar en todo momento. «*Yo soy* el Principio vital en éste mi cuerpo. Soy la Inteligencia gobernante del Universo en todas partes, hasta en el Corazón de Dios. En el momento que yo desee precipitar algo, sin importar qué cosa sea, yo sé que *Yo soy* el Poder actuante, *Yo soy* la Inteligencia regente, *Yo soy* la Sustancia que está siendo usada y, ahora, la envío a la manifestación visible para mi uso».

Meditar sobre esta frase que acabo de dar le permitirá al estudiante ingresar en esta actividad sin tensión ni ansiedad.

La cuestión del dinero es lo que desafía al estudiante en el tema de la precipitación. Desde siempre, la primera pregunta es: ¿De qué forma se puede precipitar dinero sin obstruir o exceder el límite asignado por el Tesoro Nacional? A partir de que se implantó el dinero como patrón de cambio y siendo, como se sabe, el oro lo que ampara o resguarda este patrón, en otras palabras, lo que da confianza a toda emisión, hay que recordar que han existido incontables catástrofes de todo tipo, en las cuales se ha perdido oro o remesas de dinero con valor de billones. Del mismo modo, miles de toneladas de oro de distintos países se han perdido: sumergido en la profundidad del océano o enterrado en el fondo de la tierra por cataclismos. Luego, como la precipitación nace del aire, lo que resulta es oro en su estado natural y para que hubiera peligro de sobrepasar el límite del permiso legal para su uso, tendría que ser precipitado en enormes cantidades. Asimismo, el uso del oro siempre es legal y como el mundo tiene entregada una comisión para que cantidades mayores de oro sean producidas, ¿por qué no ayudar al mundo y precipitarlo? Ahora bien, yo no me hago responsable por las preguntas que les sean hechas en el momento que muestren su precipitación de oro. Ustedes no tienen idea de la gran curiosidad de la mente exterior en cuanto se inquieta por la atención que pone en el oro. A menos que se diga que poseemos una mina de la cual lo hemos extraído, por ejemplo, la mente humana se entusiasma de inmediato. Cualquier petición para averiguar el origen de su oro es una forma sutil de indagación para revelar vuestra fuente «e ir pegado». Mi consejo es alegar ante estas preguntas: «Esto es oro. A usted no le incumbe en dónde lo he obtenido. Examínelo, analícelo. Puede rechazarlo si no es cien por ciento oro, pero si es oro puro, usted está obligado a tomarlo por la Ley de su Gobierno».

No obstante, nunca olviden que la Presencia *Yo soy* es quien lo manda. Es ella la que lo precipita y quien lo hace fluir sin obstrucciones.

CAPÍTULO XI

Esta es la primera ocasión que la Presencia de esta Entidad Luminosa es llevada al conocimiento del mundo externo. Los Montes Himalayas reciben su nombre de Él. A partir de que éstos fueron descubiertos, han formado una corriente sagrada de vida y se ha conservado inexorable. Esta es la razón por la cual las almas, que ingresaron en su irradiación, se elevaron a la unión con la Reluciente Forma de Él, desde ahí ellas han estado enviando sus Rayos de Actividad para beneficio de la humanidad. Por esto el Tíbet tiene un gran magnetismo.

Del mismo modo que el destino de la India y América se ha entrelazado, como dos lianas que unen el Árbol de la Vida, así, una vez más, la ayuda radiante viene para fusionar en armonía las mentes, de forma que su progreso continúe sin dificultad.

Actualmente, hay miles de personas que, originarios de la India, han reencarnado en América. Además, existen miles de americanos reencarnados en la India, esto es para trasladar su mezcla y su proceso nivelador en ambas regiones de la Tierra.

Esta gran Entidad que, después de incontables siglos en el Gran Silencio te ha sido mostrada, llega hasta aquí para practicar el proceso consciente de espíritu y manifestación, entregándote el cáliz de fuego líquido espiritual, vertiéndolo en los corazones de los hombres para inducir en ellos un mayor anhelo de Luz procedente de la Gran Fuente de Luz, *Yo soy Dios en acción*, en todos lados.

El ingreso de esta Gran Presencia a la actividad humana se propagará a manera de un filamento de luz a lo largo de toda América, esparciendo su Luminosa Presencia como una capa de Nieve Dorada que va cayendo apaciblemente, así será absorbida por las mentes humanas, de las cuales la mayor parte no se percatará, aunque algunas si sentirán esa fuerte Presencia interior.

En caso de que aquellos que estén bajo esta irradiación continúen un progreso pulcro y armonioso, será posible llamar su atención sobre ciertas actividades del torrente nervioso que apresurarán sus conocimientos sobre la forma externa, lo que quiere decir control sobre todas las condiciones que simulan aprisionarlos.

Igual que tus discípulos debes estar alerta para modificar todas las condiciones negativas que se muestren a los sentidos. Por ejemplo: si sientes frío, modifica tu conciencia y afirma que eso no es verdad, que lo natural es la temperatura agradable. Si sientes calor, modifícalo con la conciencia de una frescura normal. Si por causa de una buena noticia estás loco de contento, hay que decir: «Paz, cálmate». No es bueno forzar la balanza alterando la Ley del Ritmo. Impón la calma, serenidad y confianza. El equilibrio es lo ideal en cualquier comunicación entre los sentidos, esto es moverse en el sendero del medio, manteniendo la tranquila maestría del Yo soy. Esto permitirá establecer una corriente fluida y continua de energía e ideas creativas que se originan en el corazón del Gran Sol Central que es el origen de este Gran Ser, el Dios Himalaya. Asimismo esto te facultará para recibir y utilizar de una mejor forma y con mayor maestría la radiante energía que Él irradia. El motivo por el cual he llamado tu atención sobre Él es para que puedas absorber en forma ilimitada esa energía. Conjuntamente con la que extraes por tus esfuerzos conscientes.

Los Maestros son los que han elegido a los estudiantes para que éstos reciban su radiación, los estudiantes deben entender que los Maestros no vienen a ellos por su iniciativa individual. Es un honor tan grande que no se puede explicar con palabras. Únicamente se puede ver o sentir. La misión del Maestro, asimismo, no es la de adjudicarse sus compromisos ni solucionar sus problemas, sino la de divulgar el entendimiento inteligente que los discípulos pueden aplicar en sus vidas, y así ellos mismos resolverán sus problemas. De este modo obtienen la fuerza, el coraje y la confianza para continuar paso a paso en la maestría consciente que somete el ser y el mundo exterior.

Llega un momento en el crecimiento espiritual, cuando nosotros escuchamos a los estudiantes suplicándonos con gran sinceridad: «Ayúdennos, Grandes Maestros, a resolver nuestros problemas». Les diré que, para darles ánimo y fuerzas, la Radiante Presencia de los Maestros se les otorga dándoles energía, coraje, confianza y Luz, pero no tienen la menor idea. Los estudiantes desconocen esto totalmente. *Únicamente existe una forma en que todo aquel que tiene conocimiento lo puede utilizar para ayudar permanentemente a aquellos hermanos que solicitan ayuda, y es la de adiestrarlos* en estas sencillas leyes que les darán el control sobre el ser y el mundo exterior, la victoria. Ya que hacer lo que los estudiantes solicitan, es decir que sus problemas sean resueltos, provocará un *retraso en su progreso y debilitarlos enormemente*. Solamente manifestando su propia fuerza alcanzarán las victorias y, dado que no puede venir de ninguna otra forma, ganarán confianza. De esta manera el estudiante obtiene la totalidad de sus propios poderes. El estudiante avanza sin ningún problema hacia su meta de victoria con la práctica consciente de su poderosa Presencia *Yo soy*.

El motivo por el que el estudiante desconoce la ayuda que los Maestros le estamos dando es para no dejar que se apoye en un soporte exterior. El error más grande que podemos cometer es hacer o decir algo que delatará nuestra Presencia, ya que con eso el estudiante se apoyaría totalmente en nosotros. El estudiante no tiene nada que temer por alguna otra cosa y debe saber que siempre le damos toda la ayuda posible de acuerdo con el grado de avance que va consiguiendo.

La Tropa Ascendida, el Maestro Jesús y la Presencia *Yo soy*, son una misma cosa. Yo te aseguro que, gracias al uso y reconocimiento de la Presencia *Yo soy*, puedes producir verdaderamente *cualquier forma que desees manifestar en la conciencia exterior*. Sólo tienes que practicarlo.

Lo que cada estudiante necesita recordarle continuamente a la conciencia exterior es que cuando se dice *Yo soy* esto o aquello, se está poniendo a *Dios en acción* y esto es la misma vida individualizada, la Vida del Universo, la Energía del Universo, la Inteligencia en el Corazón del Universo rigiéndolo todo, absolutamente todo. Recordarle continuamente esta verdad a la conciencia exterior es fundamental, vital. Esta conciencia origina el entusiasmo optimista que irá creciendo constantemente. Nunca debe detenerse el gozo de este uso, ya que es definitivamente el sendero de la Maestría Completa.

Los estudiantes deben entender que ellos son el Poder Consciente que gobierna sus vidas y sus mundos, y que pueden colmarlos con cualquier cosa que requieran o deseen.

Aquellos que padecen de problemas físicos recurrentes deben, a menudo, hacer conciencia de: «*Yo soy* el aliento perfectamente controlado de mi cuerpo», y conjuntamente con esto deben hacer, tan seguido como se requiera, la respiración rítmica. Estas acciones les darán estabilidad a la hora de respirar, lo que es de gran ayuda para el control del pensamiento.

Los estudiantes sinceros deben tener presente otra cosa de vital importancia: tienen que evitar atender cosas perturbadoras y negativas, ya que éstas permiten la entrada de elementos indeseables que se graban automáticamente. Cuando no es posible evitarlo debe hacerse la siguiente afirmación: «*Yo soy* la Presencia vigilante que consume al momento todo lo que busque perturbarme». De este modo no sólo se protege uno mismo, sino que también ayudará a la otra persona. Si bien no hay nada a lo que se deba temer, es preciso mantener una guardia consciente hasta que se haya alcanzado la suficiente maestría para controlar los sentimientos, pensamientos y la receptividad.

Intenta mantenerte lo más posible en el gozo y alegría de la Presencia *Yo soy*. Concédele todo el poder y no guardes preguntas en tu mente. Desecha todo a los cuatro vientos, dale todo y aguarda sus mágicas revelaciones. La extraordinaria, prodigiosa Presencia es capaz de resolver todos los problemas, todas las cosas y contestar a cada una de las preguntas que requieran explicaciones y respuestas. «*Yo soy* la milagrosa Presencia trabajando en todo lo que necesito que se haga» es una maravillosa afirmación de gran ayuda.

Las personas que meditan o descubren lo que quiere decir *yo* o *Yo soy* obtienen resultados, revelaciones y bendiciones más allá de toda imaginación. Estoy convencido de que tus estudiantes muy pronto empezarán a sentir y a manifestar la sorprendente actividad de este conocimiento. Yo mismo lo estoy percibiendo ahora en ustedes.

En tanto tu cuerpo duerme, en los planos superiores hay intercambio de ayuda y un constante visiteo. Es algo que tu ser externo no puede conocer.

Una gran cantidad de revelaciones, que se lanzarán a tu mente, te llegarán en el mismo momento en que seas capaz de apaciguar la mente exterior y ponerla bajo control. Y sabiendo que «*Yo soy* la esencia misma de todo aquello que yo anhelo», te es posible crear en forma perceptible y tangible cualquier cosa que tengas en la conciencia.

El Maestro Himalaya quiso venir a este plano de acuerdo con una necesidad imperante. Él aporta una mixtura especial de América e India y, por eso, le es posible mostrarse aquí. Cualquier otra actividad concluye en la medida que la Presencia Interior entra en acción. Es natural y preciso, ya que la actividad obedece a la Presencia *Yo soy*. Una Nieve Dorada es diseminada sobre América por la Presencia para ser asimilada, no sólo por las personas, sino por las partículas de la atmósfera. En el momento en que los estudiantes, voluntariamente, se transforman en focos de esta emanación, son glorificados y ayudados.

Es indispensable que los estudiantes entiendan que en ciertas necesidades nacionales, como también personales, se carece de las cualidades precisas para salir adelante. Es por este motivo que Grandes Entidades espaciales vienen hacia la Tierra. Ellas poseen cualidades superiores que, en un momento dado, la situación requerirá. Los estudiantes que logren entender esto hallarán un nuevo elemento ingresando en sus vidas, lo cual los favorecerá enormemente.

Cuando se confía en recibir algo de la Presencia Interior, la actitud de expectativa o de esperanza es fundamental. Esta es una cualidad muy beneficiosa para el que la fomenta. Por ejemplo, si hemos creado un proyecto que esperamos con alegría, nos sentimos colmados de expectativa. Para que se manifieste lo que deseamos, podemos emplear esta expectativa que es de gran ayuda. Cuando tú llamas por teléfono a alguien para que te espere en algún lugar de la ciudad, sales con la esperanza del encuentro; del mismo modo, si deseas conocer a los Maestros, un requerimiento para conseguirlo es la esperanza de verlos. ¿Por qué no? Ponte ahora en expectativa.

CAPÍTULO XII

Las experiencias producto de los supuestos misterios de la vida si son bien entendidos, resultan ser bendiciones encubiertas, ya que cualquier experiencia que nos hace fijar nuestra atención en la única Presencia *Yo soy*, *Dios en acción*, nos habrá ayudado como un designio maravilloso y bendición.

Las situaciones infortunadas se originan porque las personas siempre se ponen a buscar en los principios externos de su vida, la inspiración y también el Amor, que no es sino la Presencia Suprema y su Poder en el Universo.

Nunca debemos perder de vista que el Amor es el eje del Universo alrededor del cual todo se mueve, sin importar cuáles sean las circunstancias a las cuales tengamos que enfrentarnos. Esto no quiere decir que tengamos que amar la discordia, disonancia o alguna otra cosa que no sea semejante al Cristo, por el contrario sí podemos amar a *Dios en acción*, a la Presencia *Yo soy* en todas partes, ya que lo opuesto al odio es el Amor y *nadie puede odiar sin haber amado intensamente primero*.

Toda persona es una energía y tiene que ser el Principio Gobernante de su vida y su mundo. Si se toma como base que en cada ser humano está la Presencia *Yo soy* actuando siempre, se entiende que cada quien mantiene entre sus manos físicas el cetro del mando y no debe olvidar que la imbatible Presencia de Dios es, siempre, la actividad inteligente de su mundo y sus proyectos. Esta idea mantiene la atención apartada de la forma exterior, que de ningún modo contiene la Verdad, a menos que sea irradiada por la Presencia *Yo soy*.

Sin importar cuál sea el problema a resolver, sólo existe un Poder, una Presencia y una Inteligencia capaz de solucionarlo.

Cuando se acepta esto, se está dando paso a la Presencia de Dios contra la cual ninguna actividad exterior puede interferir, a menos que la atención se aparte consciente o inconscientemente de esta aceptación y reconocimiento del Supremo Poder de Dios.

El Principio vital siempre está activo y constantemente intenta manifestar su natural Perfección, *pero las personas con su libre albedrío, consciente o inconscientemente, lo caracterizan con toda clase de distorsiones. La persona que conserve su atención fija en la Presencia «Yo soy en Dios y con Dios», se transforma en un Invencible Poder que ninguna manifestación humana puede derribar.*

Si se toma conciencia de «Yo estoy aquí. Yo estoy allá», surgen personas que nos ayudan cuando es preciso, esto se debe a que el *Yo soy* también está adentro de los amigos. La liberación de todo imperio u obstrucción únicamente puede venir de esa Presencia, *Yo soy Dios en acción*, en la vida de la persona.

Cuando las apariencias parecen estar venciendo, normalmente se requiere de una gran tenacidad para aferrarse a la Presencia. Hay un antiguo dicho que afirma: «Nadie ha fracasado mientras no se rinda». Esto es cierto, ya que si un individuo incorpora a Dios como su inteligencia gobernante, no existirá actividad humana capaz de obstruir la gran irradiación que fluye a su alrededor.

A lo largo de las centurias los seres humanos han puesto su atención en las apariencias, incitando de ese modo toda clase de discrepancias y malestares; pero actualmente existen miles que están comenzando a comprender que la Presencia de Dios dentro de ellos es totalmente invencible, a tal grado de encontrarse constantemente elevados por encima de la discordia, inarmonía e injusticia del mundo externo. Mientras que la humanidad no aprenda a fijar su atención en la Presencia *Yo soy* o Dios Interior, se encontrará envuelta por cosas despreciables, pero gracias a la Presencia *Yo soy*, cada ser humano tiene la capacidad de elevarse por encima de la discordia y la perturbación de ese mundo externo.

En un principio, cuando las nubes de la apariencia pesan mucho, cuesta trabajo mantenerse firme, pero la actividad constante de la atención fija en la Presencia de Dios Interior, es como un rayo que atraviesa y dispersa la peligrosa tormenta.

Conforme se va avanzando, uno siente que es cada vez más y más invulnerable ante la creación humana que produce tantos desórdenes. La frase de Jesús: «Conoced la Verdad y ella os hará libres» es sin duda alguna una de las más grandes y sencillas Verdades, ya que la base es saber que la Gran Verdad a la que Él se refirió era el recuerdo de la Invencible Presencia de Dios Interno. Cuando sepas eso, estés seguro de ello y lo repitas en todo momento, te darás cuenta que dentro de ti habita la Presencia.

El siguiente paso es decretar: «*Yo soy* la Presencia iluminadora, por ella cualquier cosa que yo necesite saber puede ser extraída, ya que *Yo soy* la Sabiduría, *Yo soy* el Poder revelador que me trae todo ante mí para que yo pueda entender y actuar acorde».

Cuando se ha comprendido que «*Yo soy* la Única Inteligencia y la Única Presencia actuando», es muy sencillo ver que tú tienes el cetro entre tus manos físicas y que, gracias a esta Presencia *Yo soy*, puedes mandar que te sea revelado todo lo que precises saber. Y yo te garantizo que esto no interfiere, de ninguna manera, con el libre albedrío de otra persona y pedir lo que a uno le corresponde no hace ningún daño, pues al exigirlo no se está obstaculizando a nadie.

Si llega a suceder que alguien actúa para quitarnos algo que nos pertenece, tenemos el derecho, a través de la Presencia *Yo soy*, de decretar que toda la acción sea ajustada o que lo nuestro nos sea restituido. Cuando suceda esto debemos tener mucho cuidado porque, en cuanto accionemos la Ley Divina en Amor y la Justicia Divina empiece a mostrarse, no tenemos que llenarnos de lástima ni interrumpir la actuación de la Ley. Como los seres humanos son totalmente dominados por su ser exterior y no piensan en el poder de Dios que les da la Vida, cometen con toda facilidad una gran cantidad de injusticias, pero esto no quiere decir que nosotros vamos a dejar que esto suceda en nuestro propio mundo. ¡No! Principalmente cuando sabemos que dentro de nosotros está el Poder de Dios para ordenar y solicitar rectificación y justicia en cualquier parte.

Ahora daré un ejemplo: una de mis estudiantes, con gran capacidad espiritual, se encontraba en medio de un problema, así que le dije que decretara sus derechos y pidiera justicia. Tomó mi consejo y a las personas que querían actuar injustamente contra ella comenzaron a pasarles cosas. Siendo su alma bondadosa, comenzó a sentir remordimientos y desear no haber pedido justicia. Se acercó a mí y me preguntó: «¿Qué debo hacer?». Yo le dije: «Manténgase firme en el decreto que ha formulado. Usted no es responsable de las lecciones que tienen que aprender las personas que la han perjudicado, de manera que permítales recibir sus lecciones y no deje que esto la trastorne».

Justamente cuando las personas empiezan a conducirse incorrectamente, en ese mismo instante y minuto, accionan la Gran Ley Universal de la Retribución y no pueden impedir que esa retribución algún día les golpee en alguna parte, así como no son capaces de paralizar el movimiento de los astros. Para la inocente víctima, la lección parece tardar mucho en manifestarse, pero entre más tarde en aparecer será más poderosa en su labor cuando llegue. No existe ser humano alguno que sea capaz de evitar esta Ley.

Una gran cantidad de estudiantes creen que cosas malas les pueden ser enviadas por otro, pero yo les garantizo que esto no ocurre. La única forma en que algo malo nos pueda suceder es dar entrada a los pensamientos indeseables, dejando ingresar la crítica, el odio y la condenación. Si se ha hecho esto, entonces se habrá generado aquel mal que el otro desea.

Pero el que conoce el poder de Dios que hay dentro de sí mismo no tiene nada que temer ni nadie a quien temer. Cada persona puede, si así lo quiere, sentir la totalidad de la actividad de Dios, en su vida y mundo. Simplemente se trata de que tú elijas lo que quieras tener. Si lo que quieres es Paz y Armonía, entérate de esto: «*Yo soy* el Poder que lo produce». Si quieres arreglos en tus asuntos, afirma lo siguiente: «*Yo soy* la Inteligencia y el Poder que los produce y ninguna otra actividad exterior puede impedírmelo».

En el supuesto misterio que tiene la permanente actividad de la Vida, está la Magna Presencia *Yo soy*, permanentemente dispuesta a bendecirte con su maravilloso toque divino, siempre que tú se lo permitas. ¿Y cómo se lo permites? ¡Con la feliz aprobación de esta Magna Presencia y este Gran Poder en ti! Y no titubees en solicitarla para que actúe en tu vida cotidiana, incluso en los detalles más pequeños, que no te importe que tan insignificantes parezcan, ya que no existe en el Universo otro poder actuando a través de tu mente, conciencia, organismo y mundo.

En cada cosa que desees que se realice, afirma con regularidad: «*Yo soy* la Presencia». Esto abre la puerta para que el Poder de Dios actúe trayéndote lo necesario. No tengas compasión por lo exterior, que por su desconocimiento obra mal, ya sea en ti o en otra persona.

Consérvate pacífico y sereno, pues sabes que Dios es la única Inteligencia y Poder actuando en tu mundo y tus proyectos. «*Yo soy* en ti» es la fuerza y la curación autosostenida, mostrándose en tu cuerpo y mente. Esta afirmación te conserva en mayor armonía. Encara a Dios y siempre florecerá la Energía para ordenar cada situación. Aquellas personas que entienden esta Ley, no quedan sometidas a la injusticia ni a las situaciones que el ser exterior de otros intenta establecerles.

Continuamente recuérdale esto a la mente exterior. Siempre cerciórate que dentro de ti y en tus asuntos no hay otra cosa actuando más que la Presencia y el Poder de Dios.

Repite en cualquier situación que «No existe nada oculto que no me sea revelado» (ve qué diferente es esta postura a la que aplican los «ocultistas» al no consentir que sus preceptos sean revelados). Esta aseveración es necesaria. Nunca olvides que ante lo que conciban los terceros, la defensa es llenarlos de Amor Divino (Llama Violeta, Rosa, etcétera). Cuando otras personas intentan disfrutar haciéndole a otro alguna maldad o injusticia, nunca lo consiguen ya que siempre pierden alguna capacidad gracias a la cual la hubieran podido gozar.

Las demás personas tienen la misma facultad que tú de emparejarse con Dios, pero si no lo hacen, no es algo que te incumba.

Dios, que conoce y revela todas las cosas, es la Presencia y el Absoluto Poder omnisciente. Tú puedes afirmar por otro: «Amada Presencia *Yo soy* en esta persona, solicito tu Poder consciente, tu Perfección, tu Sabiduría y tu Inteligencia regente para que hagas que todo se le arregle y reciba la Paz y el Descanso que tanto necesita. *Yo soy* la presencia que gobierna y ordena que esto se haga ahora. Eleva su Conciencia a la Luz resplandeciente en la cual sea capaz de ver y conocer el Reposo y la Belleza que son suyos por su propio Servicio y Creación».

Consentir que la lástima nos acarree e introduzca en situaciones muy destructivas es un error. Toma la actitud de «*Yo soy* la Única Presencia actuando allí».

Si se quiere ayudar a aquellos que han desencarnado: «*Yo soy* la Presencia que mantiene a esa persona en el plano al que pertenece, instruyendo e iluminando».

Si el estudiante tiene el pensamiento adecuado y colma de Amor a su propio Ser Divino, recibirá total consuelo de toda dificultad.

Para corregir situaciones di: «*Yo soy* la Presencia restableciendo y ordenando esta situación».

Las cosas han sido deformadas lastimosamente por los seres humanos en general y por los doctores en especial. La persona que quiera ascender a la Presencia *Yo soy* y vivir allí requiere de la energía que justamente despilfarra. El más grande canal de desperdicio que tiene la humanidad es el deseo carnal, los doctores, en gran medida, son responsables de esta terrible situación, porque enseñan y abogan por la exaltación de estos apetitos.

Esta pérdida de energía es lo que imposibilita aferrarse a la Presencia *Yo soy*, lo suficiente para alcanzar la Maestría. En 95% de los casos es el origen del envejecimiento, la pérdida de la vista, del oído y de la memoria, ya que estas capacidades dejan de trabajar cuando la corriente de energía vital deja de fluir a la estructura celular de la masa cerebral. Las personas no reciben adecuadamente este flujo de energía sino hasta que lo aprenden a base de golpes. La voluntad no puede nada si se carece de esta energía vital.

Esta energía, que los seres humanos malgastan, es la que les permitiría unirse sólidamente a la Presencia *Yo soy*. Es la vida que se requiere para aferrarse a la Presencia de Dios *Yo soy*. Si durante incontables siglos el ser exterior ha empleado su energía vital para crear situaciones desfavorables, ese derroche se convierte en un canal abierto y constante opuesto a la conciencia individual.

Sólo existe una forma de cambiar lo que se ha construido por ese canal equivocado que mantiene al ser amarrado a la mala utilización y manifestación de la energía. Y es que siempre que se presente la ocasión, o la expresión del concepto erróneo, el pensamiento se dirije, inmediatamente, al Ser Superior.

Muchas personas piensan que es posible controlar el apetito carnal utilizando pura fuerza de voluntad, forzándose a someter el impulso ya sea sexual, de beber alcohol, fumar cigarrillos, tomar drogas o de cualquier vicio. Estas acciones no llevan a ningún lado, ya que lo que se está haciendo es reprimir el impulso, lo que provoca que se manifieste en otra forma. Lo único que funciona es cambiar la atención y salir de allí de la siguiente manera: «*Yo soy* la Presencia que cambia esto y lo cambia ahora, porque la Acción de Dios siempre es inmediata».

Ante cualquier situación equivocada, lo primero es invocar la Ley del Perdón y la Llama Violeta transmutadora. Recuerda que al colocar en movimiento o energizar algo, actúa inmediatamente. Cuando se utiliza el *Yo soy* se pone en movimiento el Poder de Dios y actúa.

Posiblemente uno de los estados más deplorables en el que tiene que vivir el ser humano es el conocido como «derecho legal» para conservar amarrado a otro ser a la actividad sexual, cuando lo que éste desea es libertarse y salir de abajo. No obstante, en la ignorancia de la mente externa todavía existen personas que tienen un enorme progreso de la actividad Amor. El Amor Puro jamás opera más abajo del corazón. El Amor Verdadero nunca demanda unión carnal de ningún tipo. El Gran Ejército de Luz Ascendido siempre está con aquellos que quieran actuar con rectitud. Mándales tus pensamientos y obtendrás su ayuda.

Si tú eres de los que conocen y practican la Presencia *Yo soy*, tienes un poder invencible e irreductible. La puerta abierta para llegar al Corazón de Dios es la Ley del Perdón. Es el eje del Universo, la nota principal.

Aquí se encuentran los temas más profundos de esta disertación. No los utilices para enseñar a aprendices, ya que no lo entenderán.

CAPÍTULO XIII

Yo soy la Resurrección y la Vida.
Yo soy la Energía que utilizas en cada labor.
Yo soy la Luz iluminando cada célula de tu ser.
Yo soy la Inteligencia y la Sabiduría rigiendo cada uno de tus esfuerzos.
Yo soy la Sustancia omnipresente sin límite que puedes usar y manifestar en forma.
Yo soy tu Fuerza, tu perfecto Entendimiento.
Yo soy tu Habilidad para emplearla constantemente.
Yo soy la Verdad que te da la perfecta Libertad ahora.
Yo soy la puerta abierta a la Luz de Dios que nunca pierde.
Doy las gracias, he entrado de lleno en esta Luz, usando el entendimiento perfecto.
Yo soy tu Vista, que conoce todas las cosas visibles e invisibles.
Yo soy tu Oído, escuchando las campanas de la Libertad que tengo ahora.
Yo soy tu Habilidad de sentir el más fascinante bálsamo a voluntad.
Yo soy la Totalidad de cualquier Perfección que desees manifestar.
Yo soy la Comprensión total, Poder y Uso de toda esta Perfección.
Yo soy la Revelación total y el uso de todos los poderes de mi ser que *Yo soy*.
Yo soy el Amor, el excelso Poder impulsor detrás de toda acción.

Quiero darles a los estudiantes, bajo esta emisión, la más afectuosa advertencia para que vigilen sus emociones; para que, en ningún momento, aprueben un sentimiento de celos de los avances que otros logren. Todos los estudiantes deben tener siempre presente que, sin importar de qué se trate, no les incumbe lo que hagan otros estudiantes, exceptuado el saber que: «Allí *Yo soy* la Presencia de Dios en Acción».

Cuando un estudiante se asombra y se pregunta en su mente sobre el avance de otro, retrasa excesivamente su propio progreso y esto no es admisible bajo ningún pretexto.

Todo estudiante debe saber que lo único que le concierne es perfeccionar, armonizar y expandir su propia mente y mundo. En cuanto los estudiantes comprenden que la armonía de su mente y sentimientos es el único requerimiento indispensable de la «Gran Ley de su Ser», la Perfección se manifestará velozmente. Si no sostienen esta idea no les será posible avanzar a otro nivel.

En cuanto los estudiantes entiendan esto y empiecen a emplear la Presencia *Yo soy*, estableciendo la armonía y el silencio de su actividad exterior, se darán cuenta que son capaces de sentir, ver y ser la Perfección que tanto han anhelado. Si los estudiantes y amigos sienten un Amor sincero y profundo por cada uno, ese sentimiento es la bendición más maravillosa y el poder más inspirador. El estudiante de esta forma puede examinarse continuamente para valorar el poder que está manifestándose en él.

En el momento en que uno se siente acusador, indiscreto o disonante en relación con alguna persona, situación, lugar o cosa, es una señal inequívoca de que el yo exterior está interviniendo; la postura que se tiene que tomar es la de enmendarse rápidamente. Cada persona, principalmente los estudiantes, debe tener presente que la única cosa que les debe importar es ver, sentir y ser la Perfección en su propio mundo.

El motivo por la cual, a estas alturas, estoy reiterándolo tanto es porque este punto es de suma importancia, ya que cuando los estudiantes comienzan a experimentar manifestaciones poco comunes, en un principio, sienten la tentación de pensar esto: «Yo puedo utilizar la Ley mejor que esta otra persona». Esto, tú lo sabes sin necesidad de explicártelo, es un error.

La afirmación *Yo soy* no se puede utilizar por mucho tiempo, incluso conscientemente, sin comenzar a sentir un convencimiento más profundo cada vez que se dice: «*Yo soy* todas las cosas». Recuerda con regularidad lo que estas dos extraordinarias palabras significan y siempre utilízalas junto con la afirmación: «Cuando digo *Yo soy*, estoy poniendo en movimiento el Inmenso Poder de Dios en la afirmación junto con la cual utilicé *Yo soy*». En la frase bíblica «Antes que Abraham era, *Yo soy*», Abraham simboliza la manifestación exterior de la Vida y *Yo soy* el origen de la Vida, que era la manifestación a través de Abraham. De ese modo, antes que cualquier manifestación sucediese, ya existía Perfección de Vida, y sin principio y fin, la Vida es así.

¡Mi querido estudiante! Mi corazón se llena de júbilo ante la proximidad con la que, varios de ustedes, están sintiendo la certeza de que son la Majestuosa Presencia *Yo soy*. Hagan todo lo posible por sentir pacíficamente, plácidamente, y si no les es posible ver de otra forma, cierren sus ojos y admiren la Perfección en todas partes. Se les presentarán más y más pruebas de la extraordinaria Presencia de esta Verdad. Sentirán, oirán, verán y comprobarán ese portento de portentos que como chiquillos han vivido, así como los milagros realizados.

Para ayudarte, han sido escritas definiciones y explicaciones sobre el uso de esta Poderosa Presencia, *Yo soy*. Ustedes, que se aferran a la Verdad, llegarán al triple ejercicio de ver, oír y experimentar los llamados milagros, que lo serán hasta que entiendan de qué manera se originan; después descubrirán que simplemente son verdades y siempre las podrán emplear una vez que las comprendan.

Con toda mi experiencia, acumulada a lo largo de los siglos, no puedo más que decirte, a manera de estímulo, que mi corazón rebosa de satisfacción con tu cercanía a la toma del Cetro del Dominio. ¡Adelante, mi valiente! ¡No titubees! ¡Empuña tu

Cetro de Dominio! Elévalo, porque *Yo soy* el Cetro, la Llama Inextinguible, la Luz Deslumbrante, la Perfección, que alguna vez conociste. ¡Acércate! Permíteme sostenerte en mi fuerte abrazo, y que donde por tanto tiempo ha habidodos, ahora haya solamente uno, *Yo soy*. *Yo soy* el Sabio, el Constructor, la Perfección manifestada en este momento.

Una vez más me dirijo a las personas que quieren resolver sus problemas. Únicamente existe una Presencia en el Universo capaz de resolver, y siempre puede, cualquier dificultad y ésa es la Presencia *Yo soy* presente en todos lados. ¡Querido! Permíteme decirte con todo afecto: «No tiene ningún mérito querer resolver únicamente un problema, ya que donde había uno puede aparecer una docena, pero si eres consciente de que la Actitud Perfecta es entrar en la Presencia *Yo soy* y que ella es el Remediador indiscutible de cada dificultad, harás que desaparezcan todos los problemas tan concluyentemente como que Yo te hablo, porque cuando vives en la Presencia *Yo soy* continua, calmadamente y con suficiente decisión, en lugar de tener innumerables problemas donde uno no había sido solucionado, habrás entrado en una etapa donde no tienes ni uno.

Decreto al poder en las palabras pronunciadas hoy, que lleven, a todo el que las oye o lee, la Convicción Verdadera y la Comprensión tras ellas.

Para el Cerebro. «*Yo soy* la aceleración de las células de esta (*mía o tuya*) estructura cerebral, ocasionando que se expanda y reciba de la Poderosa Presencia Interna la Dirección Inteligente».

Debes tener presente que posees el poder de aplicar conscientemente tu pensamiento de la forma que quieras a través de la Presencia *Yo soy*. Nadie te puede decir qué tienes que hacer, porque eres un Ser Libre con Libre Albedrío. Si lograras tomar conciencia de cada pensamiento que pasa por tu mente durante seis semanas, y lo mantuvieses aplicado con la Perfección, notarías los más extraordinarios resultados. Afirma frecuentemente: «*Yo soy* el Maestro Interior mandando y controlando cabalmente todos mis procesos de pensamiento en la Perfección de Cristo, como Yo deseo que sean».

Bendiciendo y sosteniendo a otras personas en la Luz. Cuando visualizas en la Luz o bendices a otros, tienes una actividad doble, pues mandas energía de más calidad. Al realizar esto se tiene como resultado automático una cierta cantidad de protección, pero el pensamiento, la naturaleza en la Luz y la bendición se almacenan sobre todo en nuestra conciencia y simultáneamente incrementa esa facultad en la persona a la cual se ha enviado.

Siempre toma la actitud de que: «Yo *soy* lo que quiero Ser». Todo el tiempo debes utilizar, conscientemente, la Presencia *Yo soy*. En raras ocasiones, incluso entre los estudiantes, lo que la Presencia *Yo soy* representa ha sido entendido plenamente. Sólo esporádicamente ha aparecido un auténtico entendimiento del *Yo soy*. Jesús fue el primero en darle importancia en el mundo externo, con excepción de los retiros de los Maestros Ascendidos. Con suma importancia reitero que no debes darle ninguna importancia al elemento tiempo. En el momento en que le das suficiente libertad a la Presencia *Yo soy*, la manifestación aparece de inmediato. Vamos, emplea, entiende y permite que la Presencia *Yo soy* se haga cargo del tiempo.

En el momento en que haces una afirmación de la Verdad y te aferras a ella, tienes que recibir. Lo exterior, por sí solo, no tiene ningún poder. Tu obligación es sencillamente la de saber que la Presencia *Yo soy* está actuando. En ciertas ocasiones, el Yo externo, sin percatarse, está aguardando el momento de la manifestación.

Te puedo garantizar con certeza y emoción que Dios Todopoderoso se impulsa a la acción cuando ordenas en nombre de la Presencia *Yo soy*. Siempre recuerda que cuando estás trabajando con personalidades, estás trabajando con el mundo humano externo y tienes todo el derecho, así como el poder, de decretar su obediencia y silencio, ya sea en tu propio yo externo o en el otro.

Si consiguieras contar hasta diez antes de hablar, podrías dominar cualquier impulso repentino. Detrás de esto existe una Ley Suprema, que puede auxiliar enormemente al estudiante. Cuando hay un impulso repentino, se produce una liberación o precipitación de energía almacenada. Si hay enojo, ésta se carga de energía al momento con alguna clase de ira o destrucción.

Pero el poder de autodominio afirma: «Solamente la Perfección de Dios emerge». Esto guiaría cualquier situación de impulso sin control con la que la persona se enfrente. Si el estudiante ya ha permitido que algo que no es deseable se vaya, lo que procede es extinguirlo conscientemente al momento.

El uso continuo de «Dios Bendiga esto», enfocado hacia objetos inanimados, produce increíbles resultados. La forma más sencilla de sentir y ver la Perfección es cargando cada sentimiento y pensamiento que surge con la Perfección. En cuanto tengas el impulso de hacer cualquier cosa, cárgalo inmediatamente con la Perfección.

Historia del tren de un pueblecito. El sonido del silbato es la advertencia, *Yo soy* es el control del tren.

Normalmente, las personas no considerarían arrollar niños y matarlos. No obstante, por medio del pensamiento-sentimiento, las palabras liberan energía cargada negativamente, la cual transforma los impulsos más altos en otros. Cuando tu temperamento no tiene control ni dirección, posee las mismas cualidades que todos los demás temperamentos, pero tu Presencia *Yo soy* es la mejor manera de controlarla.

No existe en el mundo nada más deplorable que una persona que tiene un pensamiento de restricción sobre otra persona. Un pensamiento negativo orientado hacia una persona sensible, en muchas ocasiones restringe a ésta por años y, la mayoría de las veces, las consecuencias son fatales. Todo el mundo tiene que darle libertad mental a los otros. Cuando hables de libertad para ti, cerciórate primero de otorgársela a los demás. Si deseas ayudar a otro con alguna situación, di lo siguiente: «Allí *Yo soy* la Manifestación Perfecta».

La energía y la sustancia tienen el mismo fundamento. Evidentemente, la sustancia tiene energía interiormente. El corazón o núcleo de la sustancia es la Acción Inteligente. En su estado natural, la Vibración siempre es pura. La Vibración es energía en acción y debe ser cargada.

La Vibración es el «Aliento de Dios», actuando en cualquier sustancia. Cuando respires, piensa: «*Yo soy* la Energía Perfecta de cada aliento que inhalo, *Yo soy* el Ambiente Puro de mi mundo».

Crea la costumbre de llenar asiduamente tu mundo con la Perfección. En el pasado, la vieja práctica de pensar negativamente ha llenado tu mundo. Ahora lo primordial es tomar conciencia de que, todo el tiempo, estás llenando tu mundo con la Perfección. Por la mañana, lo primero que vas a hacer es levantarte y decir con emoción: «Este día *Yo soy* la Presencia llenando mi mundo con la Perfección».

No te preocupes de las personas.

Tomando la posición de: «*Yo soy* la Perfección manifestándome a través de cualquier funcionario», activa el «*Yo soy* el Poder y la Acción allí».

Lo primero que dirás en la mañana será: «Este día, yo lleno todo en mi Mundo con la Perfección porque *Yo soy* la Perfección». «Yo cargo esta mente y cuerpo con la Perfección Absoluta y no toleraré cualquier otra cosa».

«*Yo soy* el milagro y *Yo soy* la Presencia obligando su manifestación por medio de la Sabiduría, Amor Divino y Poder».

CAPÍTULO XIV

Ahora quiero llamar la atención a la Presencia Activa de la Fe, Esperanza y Caridad. En esta reflexión pensaremos en la Fe como el Poder Emanador, Conquistador; la Esperanza es un canal abierto actuando a través del manto en la Presencia Pura; la Caridad es la disposición para no pensar en cosas negativas, no discutir lo malo, no ver lo desfavorable, no escuchar lo dañino y no sentir lo nocivo.

Los estudiantes siempre deben estar al pendiente de la Actividad Interna de la mente externa y de no dejarse engañar por su actuación. Esto puede parecer una contradicción, pero no lo es y, aunque no lo parece a primera vista, es de vital importancia. Si tienes algún sentimiento de oposición —de cualquier tipo— extírpalo de raíz, pues vigila a la conciencia y sabes que forma parte de lo externo y obstruirá el camino de tu progreso en tanto no lo elimines.

El camino correcto hacia el autocontrol y la Maestría Absoluta consiste en mantener una postura apacible y serena ante cualquier cosa y es necesaria para alcanzar todo lo que deseas.

Fe, Esperanza y Caridad, los Maestros Cósmicos. Cuando te hablo de estos tres principios, siempre activos en la vida de las personas, es porque quiero garantizarte que no son sólo facultades dentro de ti, también son Seres de Gran Luz y adelanto que asimismo son conocidos como la Fe, Esperanza y Caridad. Los estudiantes y personas que hacen un esfuerzo consciente por fomentar y transmitir estos principios en sus mundos, descubrirán que consiguen mucha ayuda de estos Poderosos y Conscientes Seres, de cuyos nombres se originan las caracterizaciones de estas cualidades. La labor específica que estos Seres Cósmicos autoconscientes e inteligentes realizan para la humanidad es la de estimular y propagar estas cualidades. Por eso tiene que hacer que los estudiantes entiendan que esto no es sólo una frase o sentencia de las Escrituras. Actualmente, por causa de la necesidad de Fe, Esperanza y Caridad en las mentes y corazones de los seres humanos, estos Grandes Seres han resurgido del «Silencio cósmico».

La Energía Maligna —que hubiera destruido la Fe, Esperanza y Caridad en las mentes de toda la gente del mundo— está destinada a arruinarse. De una actividad supuestamente negativa va a emerger una enorme bendición. Dado que la fuerza hipnótica que fue creada se ha consumido a sí misma, muchos seres humanos se están cuestionando sobre lo que los motivó a actuar de cierta forma. Finalmente, su propia rebeldía generará la energía que será utilizada para cambiar los sucesos.

Dios, que es Mejoramiento, desconoce lo que es el fracaso. Permite que los estudiantes siempre recuerden esto, porque les ayudará a conservar la Paz y el Equilibrio de la mente que es tan necesaria.

El Majestuoso Ser «Caridad», posee una fuerza consumidora, que le es inherente, para disolver y arrasar el rencor, la crítica y la condenación; utiliza los Rayos Cósmicos como una fuerza equilibrante en los éteres de donde los seres humanos obtienen su aliento y sustento. De ese modo, y a pesar de ellos mismos, están asimilando el Fuego de estos Rayos.

Tú sabes que, muchas veces, cuando alguien se desmaya, se pueden poner debajo de su nariz sales o amoniaco. Realmente esto es lo está sucediendo debajo de las narices de la humanidad. Ahora mismo está respirando esta Presencia Consumidora. (Solicítales a tus estudiantes que no discutan este punto con no-creyentes, pero recuérdales que es vital que ellos lo entiendan.)

Ahora quiero insistir muy seriamente en algo a los estudiantes: existe una enorme cantidad de formas efectivas para ayudar al estudiante comprometido y sincero, muchas de las cuales ellos desconocen, pero si su deseo por la Luz es auténtico, sabrán aprovecharlas.

persona bajo el Mando Consciente de ésta. Hay un momento en el cual es tal el progreso y las cosas suceden tan velozmente, que parece que se manejan solas, pero no es así.

Decididamente, sólo existe un camino hacia la Maestría autoconsciente, y es el de la Dirección Consciente de la Energía Eterna, orientada hacia todo lo que quieras. Ahora esto nos conduce hacia otro importante punto.

De la atención se deriva una acción indirecta que es el deseo, pero el deseo mantenido por el uso establecido de la atención provoca que éste se torne en una manifestación invencible. Esto te dará una pequeña idea de cuán significativo es que la dirección consciente esté unida al deseo. La utilización consciente de la Presencia *Yo soy*, como del uso de esta Energía orientada conscientemente de hacia una meta, siempre debe ser un esfuerzo entusiasta. Jamás, y bajo ningún pretexto, debe ser como un compromiso o provocar estrés, ya que en el momento en que afirmas: «*Yo soy* la Presencia, la Inteligencia, rigiendo esta Energía hacia una empresa determinada», estás accionando la Ley de una forma perfecta, sencilla, calmada y no requieres de ningún esfuerzo, como «jalarse los pelos». Por esta razón debe ser un método tranquilo, sereno y fijado.

Debe entenderse que es el Maestro el que escoge al estudiante y no el estudiante el que elige al Maestro; y si el estudiante lograra entenderlo, los resultados llegarían antes. Para contactar, los Maestros Ascendidos dicen: «*Yo soy* la Presencia disponiendo el camino y trayendo el contacto visible con los amados Maestros Ascendidos».

Utilizando la Presencia *Yo soy*, tienes la autoridad completa y el control absoluto sobre todas las situaciones perturbadoras. Cuando afirmas en la Presencia *Yo soy*, estás afirmando en la «Presencia» que el Ser Ascendido *es*. Tienes que entender completamente que si tú dices *Yo soy*, es el Poder de Dios íntegro actuando y que no conoce la derrota.

CAPÍTULO XV

De la Sustancia Omnipresente de Dios y de la Gloriosa Plenitud de la Luz emana la opulencia de todas las cosas.

El estudiante que es lo bastante fuerte y resistente para mantenerse únicamente con su «Poderosa Presencia *Yo soy*», que nunca, ni por un solo minuto, separa la Presencia y el Poder de Dios, descubrirá que continuamente se eleva hacia esa *Poderosa Perfección*, eternamente libre de toda creencia o noción de restricción.

Será muy dichoso aquel que sea capaz de conservarse indivisible dentro de esta *Poderosa Presencia*. Para beneficio de ciertos estudiantes que siendo muy sinceros —y no obstante están permitiendo, sin tener conocimiento de ello, que su atención se desvíe de esta *Presencia Íntegra*— deseo explicar algunos puntos, sin pretender interponerme en el libre albedrío de cada uno. Los documentos de los que hablaré están en nuestro poder y abarcan los últimos cien años.

Hoy quisiera hablarte sobre el fraude de la astrología.

No existe ser viviente que poniendo atención a la astrología pueda al mismo tiempo intentar ingresar en la Presencia del *Yo soy* y quedarse ahí. El deseo humano, así como la ocasión de defender y retribuir los deseos exteriores, está por debajo del uso actual de la astrología. Permíteme referirte un suceso espantoso que se encuentra en nuestros archivos: «No hay ninguna cosa o etapa de estudio que haya originado más fracaso e injusticias indirectas, que el artificio actual de la astrología».

Hace algunos años hubo en la ciudad de Chicago un extraordinario estudiante de Metafísica que, consintiendo conscientemente la falsedad de su horóscopo, fue incitado a suicidarse.

nación eternamente, no permitas que tu atención sea captada o fragmentada por ninguna cosa exterior.

Del Gran Amor de mi corazón —observando y conociendo desde el Punto de Vista Interno, lo cual tú aún no puedes hacer—, yo insisto en que te apartes de todo aquello, una afirmación o situación, que sea negativo. De ese modo te elevarás hacia la Libertad y Bendición Eterna de la Luz Perfecta, Eterna e Ilimitada en las Alas de tu Poderosa Presencia *Yo soy*.

Tal y como dije, de ninguna forma pretendo entrometerme en tu libre albedrío, sin embargo, ante ti están abiertas las puertas de la Libertad Eterna, siempre que creas en la verdad que he declarado y en que te servirá para entrar por esas puertas y recibir la Bendición Eterna de la Luz, que aguarda para rodearte.

Cuando en tu vida, hogar y medio ambiente existan situaciones de las cuales te quieras deshacer, decreta por medio de la Presencia *Yo soy*, que sean consumidas y desintegradas ante su Intensa Luz y Poder.

Nunca más, querido estudiante que te encuentras bajo esta emisión, volveremos a retomar contigo este punto: que la Presencia *Yo soy* dentro de ti te instruya para ver la Luz y la Verdad de lo que te he explicado. Dentro de ti, he vislumbrado la Luz Gloriosa que puede ser impulsada a una Radiación Deslumbrante y que te posibilitará manifestar la Perfección. Por este motivo te he brindado mi humilde ayuda, por mi propia voluntad, pero si tu personalidad insiste en permitir que la atención se fije en algo que no sea la Poderosa Presencia *Yo soy* —que yo sé que es la más Poderosa y la única Presencia Elevadora y Remediadora de todos los problemas—, entonces, habrán sido inútiles mis humildes esfuerzos.

Querido mío, yo te garantizo que has alcanzado un punto en el que tienes que ir para arriba o para abajo. Con tu atención fija y aceptación mantenidos firmemente en la Poderosa Presencia *Yo soy*, no existe situación, energía o Presencia en la Tierra o en el cielo, que sea capaz de obstruir el extraordinario y glorioso logro de la Libertad eterna y la Perfección.

Si dentro de ti no está eso que origina el sentir y que te habla

Lo que más necesita la humanidad y, sobre todo, los estudiantes, es la firme roca y la conciencia de la Poderosa Presencia Yo soy, sobre la cual puedan estar a salvo y libres de los precipicios que componen las conjuras externas. Los estudiantes no necesitan conocer preceptos negativos como una muerte próxima o la llamada fuerza de la mala estrella del destino; en lo único que deben creer es en la «Invencible Presencia Yo soy que empapa todo», la cual es la única y total Vida de tu Ser y hacia ella es a donde tu atención debe ser orientada y conservada sólidamente.

No existe ningún nivel que el estudiante no sea capaz de alcanzar en la Presencia Yo soy, pero si su atención se desvía con la astrología, numerología y las muchas «prácticas adivinatorias» de hoy, no habrá precipicio en donde no se desplome.

El empleo actual de la astrología no tiene nada que ver con el uso que tenía siglos atrás. Entonces no transmitía declaraciones negativas de ninguna especie. El gran problema de fijar la atención en ella es que los estudiantes dan mucha más credibilidad a las afirmaciones nefastas de lo que quieren aceptar. La energía funesta y negativa, creada en la Tierra por la humanidad, todo el tiempo utiliza artilugios como éstos para captar y mantener la atención, sobre todo la del estudiante que está avanzando y, así, conservarlo en lo que lo atrae hacia abajo en lugar de elevarse.

Cuando se dicta un horóscopo que marca el deceso de alguna persona, muchas mentes fijan su atención en esa declaración e indirectamente consuman un auténtico homicidio tan velado que las personas se asustarían si se les comprueba que ellos formaron parte de él, pero es la verdad.

Si desde el Gran Punto de Vista Interno fueras capaz de ver, aunque sea por un día, la energía devastadora originada y utilizada a través de la utilización actual de la astrología, escaparías de ésta como si se tratase de una serpiente venenosa que espera morderte para introducir la muerte en tus venas.

Querido estudiante, yo te digo, en nombre de tu Luz, Progreso y de Todo Progreso, que te mantengas dentro de tu propia Poderosa Presencia Yo soy. Si quieres evadir la rueda de la encar-

sobre el *Gran Amor Divino* —que me habilita para comunicarte esta Verdad para tu protección—, entonces tenemos que aguardar hasta que dentro de ti la Verdad de Ello emerja.

Cuando los estudiantes y las personas han comprendido y aceptado la Poderosa Presencia *Yo soy* y, posteriormente, han permitido que su atención se fije o distraiga en cosas externas, sea consciente o inconscientemente —lo cual tiene poca diferencia—, estarán dando, intencionadamente, la espalda a la Presencia que es la Fuente del Ser y la Vida dentro de ellos. Con todo el Amor de mi Ser afirmo que: «*Yo soy* la Presencia que los habilita para ver y sentir esta Verdad, así como para permanecer junto y dentro de Ella, por amor a tu propio y extraordinario progreso».

Los que permanezcan lo suficientemente firmes y convencidos de esa Poderosa Presencia, tropezarán con innumerables pruebas que aparecerán en sus vivencias gracias a su Poder e Inteligencia Ilimitada.

¡Querido estudiante!, hacia ti están tendidas numerosas manos de la Tropa Ascendida para proporcionarte su ayuda, en cuanto seas capaz de conservar íntegra tu atención en la «Presencia Activa de Dios en ti» y soportes imperturbablemente los efectos de toda apariencia exterior.

«La Verdad es Fuerte y Permanece.» Siente todo el tiempo Su Majestuosa Presencia. Es un error que el estudiante se sienta defraudado cuando cierta cosa en la que se ha esforzado no se manifiesta rápidamente, si él todavía no ha producido el Gran Poder ni la energía necesaria para producirlo velozmente. La atención única y permanentemente tiene que estar en el *Yo soy*.

Imaginemos que yo declaro: «*Yo soy* la Poderosa Presencia *Yo soy* en Acción» y, posteriormente —como una hora después—, permito que mi atención se fije en un horóscopo adverso o en alguna situación exterior que indica algún tipo de catástrofe. ¿No te das cuenta cómo eso inhabilitaría el decreto, que desata el Poder de Libertad, realizado por mí?

Jesús afirmó: «No podéis servir a dos Maestros». Esto significa que no puedes partir la atención —porque tienes que frenarte, mirar y escuchar—. Yo te digo: si le otorgas poder a otra cosa que no sea tu Poderosa Presencia *Yo soy*, no serás capaz de avanzar. Desgraciadamente, lo que sucede con una gran cantidad de estudiantes es que no logran asirse sólidamente a la Poderosa Verdad de su Ser el tiempo necesario para alcanzar el empuje y la energía suficiente para permanecer inmóviles ante el arrastre de la apariencia externas y su fascinación.

Lo que me resulta raro es que en el momento en que la atención del estudiante ha sido otorgada al Poder Omnipotente de la Presencia *Yo soy* —que es el *Único Principio Activo de Vida* que tiene *Dios en Acción* dentro y alrededor de él—, no sea capaz de ver que si su atención se fija en las cosas exteriores, está partiendo el poder y atrasando la grandiosa actividad y realización que, de ninguna otra forma, la Presencia *Yo soy* atraería. Pese a que ya hemos pasado por la misma situación, tenemos la inmensa paciencia para aguardar el momento en que el Amado Estudiante pueda aferrar y sostener su Cetro del Dominio de la Poderosa Presencia *Yo soy*.

Puedo mostrarte documentos que dan fe de los sucesos más espantosos y de los crímenes que, diariamente, han sido realizados por medio de la influencia astrológica. La influencia proporcionada pone la Ley en acción para consumarla. El poder se carga inmediatamente dentro de ti, cuando tu atención se fija en alguna cosa. Por ejemplo, si los adivinos no dejan de influir constantemente tu pensamiento con el supuesto aviso de la muerte de fulana de tal, ella morirá. Esto es horrendo. Fulana de tal es un hijo de Dios y tiene todo el derecho de existir aquí tanto tiempo que se haya establecido. Existen crímenes aún peores que un homicidio físico y que no tienen comparación, ya que se llevan a cabo intencionalmente por personas que saben lo que están haciendo. La Ley tiene una eficaz y certera acción, y es que quienes actúan de cierta forma deberán saldar la desgracia con una experiencia equivalente.

Para evitar influencias negativas de otros, afirma: «*Yo soy* la Presencia invalidando todo esto para que no me pueda afectar a mí ni a mi hogar o mundo». La cosa más fácil del mundo para desvanecer conscientemente algo que ha sido promulgado en tu presencia es simplemente decir: «Yo soy la Única Presencia actuando aquí».

Para cuando no quieras continuar algo, afirma «Por medio de la Presencia Yo soy este asunto terminará ahora y para siempre». Procede como si fueras a estrellarte contra un muro para derribarlo. Si realmente sientes y estás decidido a hacer algo, liberas la energía que la lleva a cabo. Procura estar consciente del Ilimitado Poder a tu servicio.

El sentimiento está en la visión y audición, ya que somos capaces de oír y ver sin necesidad de utilizar ni las facultades de la vista ni las del oído.

En el mismo instante en que uno se enfurece, perfora otras esferas con las mismas propiedades negativas, y una gran cantidad de energía de la misma especie se esparce rápidamente. Los celos son el cauce abierto a lo largo del cual se mueven una infinidad de acciones devastadoras. Aquello que se realiza conscientemente es mucho más poderoso. La energía que es liberada no hace diferencia entre el rey y el limpiabotas, actúa porque el individuo la ha puesto en acción.

Los sentimientos aceptan lo que captan en el momento en que son estimulados. Puedes sentarte a oír una plática negativa sin que te afecte, siempre que tomes el control del sentimiento en el plexo solar.[6] Nada es capaz ni puede ingresar en tu mundo en tanto no sea invitada.

Nunca ha surgido algo positivo del juego. La señora X poseyó, en alguna época, un poder extraordinario, así como influencia en su ambiente; sin embargo comenzó a jugar, y no sólo perdió todo su dinero, sino también su poder. ¿No es preferible apoyarse en la Presencia Yo soy que en un canal de juego? Cualquier cosa que capte tu atención es una actividad encubierta de lo exterior para quitarte tu libertad.

Si deseas conseguir libertad económica di: «Yo soy las Riquezas de Dios fluyendo a mis manos y acepto que ninguna cosa es capaz de contener».

Afirma con regularidad: «La Presencia Yo soy rige todo canal existente en manifestación. Todo lo gobierna».

Vivencia de un estudiante. Mientras el cuerpo físico de un estudiante dormía, éste escuchó y fue testigo de un estallido de Luz. Si cuando escuchó el estallido hubiese afirmado conscientemente: «Asimilo en mi mente y cuerpo la fuerza del estallido de Luz», hubiera podido recibir sus beneficios. Lo más importante en tales circunstancias es que el estudiante se mantenga alerta para que ante cualquier manifestación esté consciente de la asimilación de su Poder. Regocíjate de que la Poderosa energía de la Presencia *Yo soy*, actuando, te brinde Su Fuerza y Poder.

Manda a la memoria externa que conserve y traslade a la conciencia externa todo aquello que quieras saber. La Ley se pone en marcha cuando utilizas la Presencia *Yo soy* y no puede fracasar.

Dios únicamente opera por medio de la conciencia de las personas. Si fuese de otra forma, Él no los conservaría aquí. Dios sólo es capaz de actuar en el mundo físico a través de sus individualizaciones, incluso la naturaleza —el suelo, las plantas, absolutamente todo— está regida por la Inteligencia Individual.

Toda la energía y fuerza que se requieren para un proyecto específico, cuando la Presencia *Yo soy* las libera, están omnipresentes. Efectivamente, por medio de la utilización de la Presencia *Yo soy* eres capaz de liberar el poder, del cual aún no tienes ninguna noción.

Cuando, durante la Primera Guerra Mundial (1914-1918), el general Foch dijo «¡No pasarán!», él liberó el poder, gracias al cual el decreto fue cumplido. Por más de una hora Foch había estado orando, y cuando salió estaba tan lleno con esa energía que en el momento en que pronunció la orden, ésta se transformó en la *Presencia Gobernante*, en la condición ambiental en torno de él, y *Dios actuó*. Las palabras «¡No pasarán!» constituyen un decreto. Éste es activo, poderoso, real y libera su colosal poder. Únicamente hay Un Poder que actúa: proporciónale libertad total.

Permanece con Él y permite que actúe. Mantente en Él y con Él. No existe algún otro poder capaz de actuar. A semejanza del glaciar que desciende por la montaña, se mueve continuamente.

Tú marchas imperturbablemente hacia delante y estás adquiriendo un impulso al que nada puede resistírsele. Es un esfuerzo, una energía y una forma de realización garantizada de todas las cosas buenas. La única vía para el dominio permanente es esta.

Utiliza constantemente para la limpieza: «*Yo soy* la Presencia aquí que conserva mi hogar y ropa pulcros». Pasado un tiempo la energía se vuelve tan poderosa, que instantáneamente aniquila o repele cualquier cosa no deseada. Entre más conscientemente actúes en una cosa, ésta se torna más concentrada.

Si afirmas: «La Presencia que *Yo soy* carga esta cosa con energía, poder, amor, etcétera», el agua se puede cargar tan fuertemente, que hervirá con el poder de la energía reunida allí. No permitas que nada se cuestione en tu mente si el mandato funcionó o no.

Cada vez que decretes, afirma «Yo sé que está actuando con todo Poder». Tienes que saber:

Qué significa *Yo soy*.

Qué es para ustedes *Yo soy*.

Qué es para ti *Yo soy*.

Lo que eres capaz de hacer con *Yo soy*.

Entiende esto y sostente sólidamente con rigurosa determinación.

El poder y la fuerza para hacer esto se encuentra dentro de ti, y si logras sostenerte en esta Poderosa Presencia *Yo soy*, te será dada mucha ayuda.

6. El plexo solar es una red de filamentos nerviosos o vasculares entrelazados que se encuentra entre el ombligo y pecho en forma de "V".

CAPÍTULO XVI

Los Rayos divididos emergiendo hacia la individualización, a la expresión visible, son la primera actividad. Utilizo el término expresión individual o visible cuando me refiero a la actividad física, no es que ésta no sea siempre visible, ya que lo es, pero me refiero a ello como visibilidad, para aquellos que la presentan en forma física.

Asimismo, verás la naturaleza de tu Ser como el Rayo de Luz que eres, como la Cualidad Natural de la Vida que tanto anhelas. Pronto llegará el día en el cual muchos, muchísimos estudiantes comenzarán a utilizar los Rayos de Luz de los cuales forman parte, fundamentalmente el Rayo de la Visión y de la Luz.

Incluso en el mundo físico actual, se están descubriendo las cualidades y aplicaciones de estos rayos. Estas son actividades que, aunque son ajenas a la actividad visible, son conocidas para la *Presencia Interna*. En realidad, la manera en que se utilizan estos Rayos en la actualidad es muy elemental, pero para llevarlos a través del manto se necesita únicamente otro paso.

El poder de la Presencia e Inteligencia *Yo soy* para utilizar estos Rayos siempre será muchísimo más poderoso que cualquier procedimiento técnico en el cual estén siendo empleados. No obstante, para el estudiante que aún no ha descubierto su habilidad para utilizar estos Rayos, la investigación del científico será un extraordinario aliciente para encontrar la sorprendente habilidad que tiene el individuo para usarlos.

Es vital saber que existen Rayos Naturales que se filtran a través de la atmósfera o cinturón etérico, hacia adentro de la tierra. Al decir Naturales, quiero decir que son los Rayos que la Divinidad o Gran Sol Central proyecta y que, en los últimos años, se han hecho permanentes.

Inmediatamente se encuentran los Rayos Creados, que fueron generados y emitidos por la Tropa Ascendida, por los que han ascendido en cuerpo. De todos los Rayos, estos últimos son los más poderosos ya que son manejados conscientemente.

Los Rayos Naturales, que poseen cierta potencia natural, son los que los científicos están estudiando.

Como se ha señalado en la *Presencia Mágica*, la preparación de estudiantes deseosos y con la capacidad de ser elevados e instruidos sobre el uso de estos Rayos es indispensable. Hay entre ustedes algunos que son capaces de hacer esto y, como están formados con una tenacidad fijada en la Luz, más y más de la Ley les será revelado en lo relativo al empleo de estas potentes energías.

Siento una inmensa dicha ante las posibilidades que tú y otros estudiantes tienen. Confío en que dentro de ti encuentres la fuerza y el valor constante para aferrarte fuertemente al trabajo externo e interno que, con un sentimiento de dicha y confianza en los ilimitados poderes que la auténtica libertad trae, se realiza para ti.

Una y otra vez he intentado darte palabras de ánimo y, por medio de esta acción, envolverte con la emanación de la fuerza que es animosa y valerosa en la Luz. La dichosa y amorosa serenidad en la actitud de los estudiantes es extraordinariamente alentadora, ya que la actitud correcta que se tiene que mantener es la esperanza.

A los estudiantes que están pasando por experiencias negativas, yo les aconsejo que, conscientemente, bloqueen todo el poder que, sin saberlo, han estado otorgando a estas condiciones. Si es necesario tratar alguna situación para entenderla, inmediatamente alejen cualquier poder que les haya sido dado, y a continuación sepan que: «*Yo soy* la Armoniosa Presencia que siempre prevalece por encima de cualquier cosa que la condición sea».

Repetiré nuevamente lo que he señalado con anterioridad, pero que no ha sido captado totalmente: «Cualquier persona, sobre todo el estudiante, que en su mente, hogar o mundo haya conocido la disonancia o restricción, puede con un empeño firme y sin tensión —aferrándose con decisión al siguiente decreto—, hacer que su hogar quede libre de cualquier cosa perjudicial: *Yo soy* la Presencia gobernante conduciendo en perfecto Orden Divino, mandando la Armonía, Felicidad y Presencia de la opulencia de Dios en mi mente, mi hogar y mi mundo».

Cuando afirmo: «*Yo soy* la Presencia gobernante», tengo la completa seguridad consciente de que he puesto en acción todo el Poder y la Inteligencia de Dios para crear las condiciones que busco y que éstas serán autosostenidas.

Creo que no has entendido perfectamente que en el momento en que utilizas la expresión «*Yo soy* la Presencia en mi mente, hogar y mundo», no sólo estás mandando a la *Presencia Conquistadora* de esta actividad a través de tu propia conciencia, sino que además estás solicitando la ayuda de la Presencia de Dios o *Yo soy*, en el hogar y mundo de la persona que lo contacte.

Es importantísimo que el estudiante entienda esto. Si no ves la manifestación inmediata de la armonía que quieres no te desalientes, continúa sintiendo la Presencia Conquistadora *Yo soy*. ¿No te das cuenta que cuando estás en esta Conciencia, únicamente la Presencia de la cual eres consciente actúa? Cualquier otra actividad exterior que no deseas, sólo es una actividad deformada de esta Magna Energía. Por eso, cuando afirmes «*Yo soy* la Presencia Conquistadora, yo ordeno a esta Presencia *Yo soy* que rija perfectamente mi mente, hogar, proyectos y mundo», has emitido el más extraordinario decreto que se puede hacer, y cuando le hagas frente a cualquier apariencia, únicamente tienes que sentir el poder sostenedor de esto. De ese modo, hallarás la *Perfección* manifestada en tu mente, hogar y mundo.

Yo quisiera que para que mantengas ante ti la Poderosa Verdad que respalda estas afirmaciones leas, especialmente esta parte, cada día.

En este momento llegamos a un punto primordial: el del Rayo o Rayos Personales emitidos directamente por Jesús. Varios preguntarán: ¿por qué precisamente Jesús? Yo respondo: Esto se debe a que la humanidad ha sido educada de tal forma que fija su atención en la Presencia de Jesús, el Cristo, y son muy pocos los que saben sobre la Tropa Ascendida de los Grandes Maestros de la Gran Hermandad Blanca, que tienen poder ilimitado.

Tú poseerás el Rayo Personal de Jesús, el Cristo, durante las siguientes siete semanas. Los que sean capaces de hacer a un lado todo pensamiento de otras personalidades y reciban, hablando mentalmente, estos Rayos dentro de su mente, hogar y mundo con los brazos abiertos, descubrirán que casi cualquier cosa es posible.

Te garantizo que la idea de los Rayos Personales de Jesús, el Cristo, no es una ilusión, y tú, nuestro Amado Mensajero, posees las cualidades personales de Jesús-Cristo, por el uso de la Presencia Ascendida de Jesús-Cristo y tu valiente posición.

Del mismo modo que el Mensajero otorga riquezas, sabiduría y verdad, así los estudiantes deben, por medio de la Presencia Yo soy y en su afectuosa sinceridad al Maestro, afanarse por el bienestar y salud de los Mensajeros. Así se abrirán las puertas al estudiante, ya que de otra forma no se abrirían.

Hay indicios de que pronto a algunos les serán revelados ciertos usos de Luz Líquida. Quiero que, si estás listo, fijes tu atención en esto para que puedas recibirlos. Permíteme decirte que alegrarte siempre del avance de tu hermano o hermana es la actitud correcta, ya que cada persona recibe aquello que más necesita en esa etapa determinada, y si alguien recibe una cosa, otro puede recibir otra. Por eso, en ninguna etapa debes sentir el deseo de tener la misma cosa que alguien más recibe (en cuanto a revelación se refiere). Así como no existen dos personas iguales o con el mismo nivel de progreso, debes entender que alguien no puede recibir en el mismo momento una cosa igual a la de otro.

Bendecir constantemente y regocijarse de cualquier revelación que le sea dada a su compañero es la actitud más extraordinaria que puede tener el estudiante, pues de ese modo la puerta se mantiene abierta continuamente a esa Gloriosa Presencia Interna.

Las conocidas como «mentes prácticas» sienten que, salvo aquello que puedan sentir y palpar, no existe nada real, pero no existe forma en que se pueda recibir algo de enorme dimensión de la Poderosa Presencia Interna, a menos que uno tenga fe en los Poderes y Leyes Ilimitados de la Inteligencia de Dios Individualizada.

La mente práctica que todo el tiempo duda de las cosas y que no es capaz de ver, aún tiene que recorrer un largo trecho, a menos que suprima sus dudas de la misma forma que de un árbol se corta una rama indeseable. Sabes que una vez que la rama ha sido cortada, para que no regrese de nuevo, es una excelente idea destruirla en la *Llama Consumidora*. Parece complicado que el estudiante entienda completamente del inmenso poder que es la conciencia de esta Presencia Consumidora. Para muchos resulta difícil apartar de su pensamiento la idea de que es algo imaginario, pero si fueran capaces de ver desde el punto Interno, se darían cuenta que Ella tiene una Presencia y Poder que son muy reales.

Quisiera que sintieras este Deslumbrante Rayo de Luz penetrando en cada partícula de tu Ser durante dos minutos.

Existen algunas actividades que, previamente a que la atención exterior se coloque en ellas, deben ser contactadas por la Presencia Interna. Para el estudiante, esto es difícil de concebir. En primer lugar, el estudiante tiene que penetrar y únicamente puede hacerlo por medio de su Presencia Interna.

Bendecir en la noche y mañana a esa Magnífica Presencia de Vida que anima la mente y el cuerpo es algo muy sencillo, pero extraordinario. Sentir profundamente esta acción de gracias por la Presencia de la Vida —que dentro de sí misma contiene todas las cosas— es una cosa descomunal. Únicamente tienes que estar agradecido con la Vida por todo lo que contiene y es. La misma Presencia de la Vida nos habilita para realizar las cosas de las cuales estamos conscientes y deseamos hacer, ya que no podemos movernos sin esta Presencia y ni siquiera podemos pensar sin ella. Si uno adoptase este decreto «*Yo soy* la Presencia pensando a través de esta mente y este cuerpo», recibiría valiosas ideas.

El primer sitio donde comienza a darse la obstrucción es en el cerebro, ya que es el punto de contacto con ideas erróneas, las cuales se almacenan rápida y profundamente en la estructura cerebral, porque ahí se concentra la actividad atómica. Sin embargo, la atención que se fija en la Presencia *Yo soy* libera el Poder de la Perfección que se localiza dentro del electrón, en el centro del átomo, de tal forma que las ideas falsas y la obstrucción de la Luz simplemente se deshacen y desaparecen.

Pregunta: ¿adónde te diriges?

Respuesta (Saint Germain): a la Ciudad Dorada.

«A partir de ahora y hasta dentro de tres semanas después de Año Nuevo es tiempo de gran júbilo en la Ciudad Dorada, ya que proporciona una excelente ocasión para enviar su propia Radiación Poderosa, por medio de la Luz y de los Rayos del Sonido, al mundo físico. Si los seres humanos fueran capaces de entender y valorar este hecho, ocurrirían cosas importantes, sin embargo eso no imposibilita a las personas para que lo puedan entender y reciban su maravilloso beneficio».

Apartar completamente la mente de cada personalidad sería la cosa más sencilla si los estudiantes lo pudieran entender y utilizar. Sólo tienen que saber «*Yo soy* la Única Presencia allí»; esta afirmación abrirá las puertas, ¡oh, tan amplias!

El Amor y la Súplica a un Ser Ascendido habilitan para que la emanación sea concedida y no es factible que suceda de otra forma.

Nadie es capaz de entorpecer el avance o desarrollo de otro por mucho tiempo. Ya que si el bloqueador no libera y afloja su influencia sobre el otro, que está listo para ir más alto, será apartado por su propia acción. Las personalidades serán eliminadas o alejadas armoniosamente del mundo del individuo, siempre y cuando uno continúe aferrándose firme y sinceramente a la Luz.

En esta etapa de progreso es preciso saber «*Yo soy* la Presencia Activa de todos los canales de distribución de todas las cosas actuando para mi beneficio». En el momento en que el pensamiento dice «Esto es todo lo que tengo» arráncalo de raíz y afirma «Hoy *Yo soy* la Opulencia de Dios en mis manos y uso».

Esta afirmación se tiene que mantener como un Silencio Sagrado dentro de cada persona. Para que puedas usarlo acepta esto como un conocimiento sagrado y venerable. Es absurdo que justificadamente tomes algo que pertenezca a cualquier persona cuando utilices tu propio *Yo soy*.

Estás afirmando para tu propio mundo, por eso no puedes quitar nada de nadie cuando conoces su propia Ley: «*Yo soy* la Presencia actuando en todas partes». No existe la posible división de la Presencia *Yo soy*.

Cuando necesites dinero, decreta: «*Yo soy* la Presencia Activa, trayendo inmediatamente este dinero a mis manos y uso». Apartarse del significado del dinero es muy útil. Este únicamente es una forma de intercambio, no le concedas poder. Una vez más pon toda tu energía en Dios y, posteriormente, cuando ordenes, sin que importe lo que desees, automáticamente tendrás todo el poder a la mano para atraer el cumplimiento del decreto.

El Aliento de Dios, autosostenido eternamente, es siempre el movimiento dentro de cualquier elemento. El aliento de Dios es cualquier pulsación. Simplemente la conciencia de que: «*Yo soy* la Presencia de la salud perfecta», es este aliento de Dios actuando.

«*Yo soy* la Presencia de la misericordia en la mente y el corazón de cada uno de los hijos de Dios», de esto procede una enorme acción vibratoria. Sostén con ímpetu lo siguiente: «*Yo soy* la Mente Pura de Dios».

CAPÍTULO XVII

Cuando seas lo bastante fuerte como para resistirlo, nosotros te traeremos en forma detallada una de las más prodigiosas expresiones de usos correcto e incorrecto de esta «Poderosa Presencia *Yo soy*».

En lo que es ahora la cordillera de Los Andes, en América del Sur, aconteció este evento real; fue en un tiempo muy antiguo, cuando los hijos de Dios comenzaron a olvidar, por vez primera, su origen y empezaron a demandar la Energía Poderosa, la cual ellos sabían que era suya.

Los estudiantes y los seres humanos, incluso en la angustia que ellos se han creado, únicamente poseen una idea muy limitada de qué tan intensamente fue utilizada esta energía en el pasado para motivos egoístas. Nunca se ha sabido de una condición anterior similar. Aún quedan restos de la ciudad subterránea que describiremos y en la cual esto sucedió.

¡Oh, que los hijos de Dios despierten a la maravillosa actividad del uso de los Poderes de la Luz para el bien de la humanidad, cuando su atención esté fija sinceramente en esa Luz!

Si hoy en día los numerosos estudiantes en la Tierra de los distintos ángulos de la Verdad fueran capaces de ahuyentar las tinieblas de la mente exterior y creer en los supuestos milagros de todos los tiempos, el cascarón del Yo exterior se despedazaría y permitiría que la Luz entrara. Una de las formas más eficaces para abrir la puerta a la actividad consciente de la «Luz de la Presencia *Yo soy*» es tener fe y creer en las cosas que no se ven.

Así como utilizas el automóvil y el avión para recorrer grandes distancias velozmente, la «Gran Presencia *Yo soy*» utiliza el cuerpo. El cuerpo vendría a ser el avión, el cerebro su poderoso motor por medio del cual la Presencia *Yo soy* lo impulsa.

Estoy convencido de que los estudiantes todavía no entienden la sutil forma que la duda adquiere. Una forma sutil de duda sería una pregunta en la mente sabiendo o no lo relativo a la Todopoderosa Presencia *Yo soy*. Los que intentan o desean discutir el tema de la existencia de la Gran Verdad de la Vida, lo crean o no, están permitiendo que la duda entre en sus vidas.

Actualmente, ninguna mente racional y sincera, que haya cambiado su atención y la haya fijado sólidamente en la «Presencia *Yo soy*», es capaz de discutir, dudar o cuestionar la Omnipotencia de la Presencia *Yo soy*.

La difícilmente reconocible duda que permite ingresar en la mente argumentos relativos al Origen de su Ser, únicamente es carencia de fortaleza para alzarse en contra de la Ley de la Resistencia, fortaleza por medio de la cual se evalúa el incremento de lo exterior.

Existe una gran diferencia entre un razonamiento sincero para conocer la Verdad y la predisposición humana de alegar en contra de la realidad en la que quiere creer. Siempre recibimos con gusto, muy dignamente, a la pregunta sincera de la Verdad, pero no tenemos nada que ver con la naturaleza humana cuya tendencia predominante es la de discutir en contra de la Realidad de la Verdad. Entre más acepte un individuo la discusión sobre la Verdad en la Vida, más grande será el muro que éste erija para tener que vencerlo después, ese lejano día en el que deberá saltarlo.

Se hallarán parados al borde de un precipicio, al que caerán en cualquier momento, aquellos estudiantes que condenan, critican o se detienen a juzgar este canal de expresión de la Verdad, sin otro motivo más que su propia invención.

Quiero que todos entiendan que este resplandor de Luz ha sido creado con alguna intención específica y que continuará realizando su labor, eliminando cualquier personalidad o todas las personalidades que existan. Explico esto abiertamente para que los estudiantes en esta radiación puedan entender que están tratando con poderosas fuerzas, que son tan reales como lo es la misma realidad. Los que no pasen esta prueba y resistan el fulgor de la Luz, no requieren culpar nunca a alguien más, sólo a sí mismos, ya que poseen libre albedrío y se les ha otorgado el empleo de la «Poderosa Presencia Yo soy», por medio de la cual pueden conservar el absoluto autocontrol.

Una vez más debo explicarte que si eres lo suficientemente imprudente como para pretender discutir la Verdad Sagrada que se te está entregando para tu propia libertad y uso, con personas que no conocen nada sobre ella, estás introduciéndote en las insondables aguas de la duda y las preguntas. Únicamente puedo decirte que, en el pasado, a los estudiantes que eran conducidos a los retiros para su adoctrinamiento no les era permitido —y nunca se les ocurrió— discutir entre ellos la Verdad. Ellos callada y seriamente emplean el conocimiento impartido por su Maestro y, seguros, alcanzan los resultados que desean.

Sería preferible que los estudiantes fueran lapidados en las calles, en lugar de criticar, condenar o juzgar la Luz que les es otorgada; porque si ingresaran en la Presencia Yo soy, como han sido enseñados, cada duda y cada dificultad en sus vidas se esfumaría como la niebla frente al resplandor matutino de la luz solar.

Estoy convencido de que todos los estudiantes son lo bastante fuertes como para escuchar la Verdad y utilizar la Fuerza de la Presencia Yo soy para controlar y mandar lo exterior, con la finalidad de tomar la Presencia completa, sabiduría, amor, energía y riqueza de la Gran y Todopoderosa Presencia Yo soy, que les da la habilidad para sentir, vivir, pensar y el deseo de alcanzar la Luz, la Verdad.

Con la «Vara de Fuego» colocada en la conciencia de los estudiantes quiero expresar abiertamente que su hermano y hermana, que les están otorgando esto, únicamente son Mensajeros de los que han conocido y usado esta Ley durante incontables siglos. Estos Grandes Seres, en quienes has colocado tu atención, no son una leyenda, ni una invención de la imaginación exterior. Son seres cariñosos, vivos y sabios que tienen un poder que pueden orientar o utilizar bajo su propio juicio, hecho que es imposible de pensar por la mente humana.

El estudiante, anteriormente, siempre había contado con un periodo casi ilimitado para decidir si quería moverse en la Luz o si prefería seguir errando en el desconocimiento de su Presencia y Energía Poderosos. En incontables ocasiones, los ciclos cósmicos han cambiado, y el tiempo en el que los hijos de Dios tienen que tomar la decisión final, o sea, decidir a quién servir, ha llegado.

Nunca en la historia, en el pasado del Mundo, han sido proporcionadas tantas oportunidades o ayuda a los hijos de la Tierra para que afronten el «Esplendor del Sol de la Luz Eterna de Dios», y marchen dignamente y sin miedo dentro de Su Radiante Esplendor, libres, para siempre libres de toda restricción, habitando en la opulencia de esa Luz, rodeándolos como un manto de armonía y reposo.

Nuevamente te digo, querido estudiante, que «Si no eres capaz, sentir en tu corazón la Verdad de estas enseñanzas llevadas a ti en una fuente de oro, entonces jamás, en el nombre de tu Presencia Yo soy, digas o hagas algo que desaliente a otro acerca de la Luz que puede recibir. En la plenitud del Gran Amor de mi Ser, te otorgo la Verdad, sencilla y auténtica, y que su Magnificencia motive el entendimiento y el conocimiento que significan el Osar, Hacer y Callar».

Cualquier pregunta en tu mente acerca de la autenticidad o existencia del origen de tu enseñanza, únicamente paraliza tu avance y ocasiona que te retrases meses o años en ejecutar aquello que puedes realizar fácilmente en unas cuantas semanas si tienes tu mente libre y en paz.

Yo conozco y siento, puesto que te he elegido, cada uno de tus pensamientos. Es natural que el estudiante crea, por momentos, que sus actos o pensamientos están escondidos y que son ignorados, pero para la Tropa Ascendida no existe acto alguno o pensamiento que les sea desconocido, ya que todo lo que tú piensas o sientes se consigna en el mundo etérico entorno tuyo de una forma tan natural como la nariz de tu rostro.

Por eso jamás cometas el error de pensar que puedes sentir o actuar secretamente. Resulta sencillo ocultar algo del Yo exterior, pero de la Presencia *Yo soy* —que es la Tropa Ascendida— jamás sin dificultad. Esto, mi amado estudiante, es lo máximo que me es permitido decir para ayudar a ponerte en guardia. En adelante, no se volverá a hacer alguna referencia complementaria sobre esta cuestión. No olvides que la decisión, si deseas o no continuar adelante, se encuentra dentro de ti.

En este momento te diré algo muy alentador. El único motivo posible por el cual el Rayo Personal de Jesús, en aquel tiempo, se pudo otorgar a los que se encuentran bajo esta emisión, fue porque siete estudiantes de este grupo fueron testigos hace dos mil años de la Ascensión de Jesús, el Cristo. En ese entonces, Él los vio y los reconoció como los ve actualmente, y ahora no sólo está reconociendo, sino dando ayuda.

Así como este Esplendor llega a ustedes, queridos míos, llega a los corazones de aquellos capaces de recibir la Presencia. Muchos que sienten un profundo amor por Jesús o de Jesús, por medio de los canales ortodoxos, gracias a esta Radiación serán despertados a la Presencia de Dios que hay en su interior. Además de esto, la acción conjunta de Jesús con la Tropa Ascendida está extendiendo su manto de amor, paz y Luz sobre la raza humana, siendo esta época del año cuando se obtiene más fácilmente la atención general.

¡Querido mío! Creerás que es algo inaudito, cuando yo digo que los Maestros de Luz y Sabiduría poseen en todas direcciones pasadizos a través de la tierra, del mismo modo que tú, en la tierra, tienes carreteras para ir de costa a costa en auto.

No considerarías que esto es algo tan increíble si pudieras entender la estructura atómica de la Tierra, porque los grandes que desde el inicio han ayudado al progreso de la humanidad, únicamente tienen que utilizar determinados Rayos para caminar a través de la tierra, y sería tan sencillo como cuando tú caminas por el agua; salvo con la diferencia de que ellos dejan detrás de sí una abertura, en tanto que si tú caminas a través del agua ésta se cierra detrás y el camino se tapa.

Sucede igual con los Grandes Seres que han hecho brillar para los seres humanos los senderos hacia la Luz. El sendero permanece para que los niños de menos Luz siempre lo puedan localizar y seguirlo. Si ellos, en alguna ocasión, cometen un error y toman un camino equivocado, tienen la Presencia *Yo soy* para encausarlos y llevarlos de nuevo hacia el poder principal, hasta que, del mismo modo, ellos puedan ser Iluminadores y Portadores de la Antorcha del sendero para aquellos que aún tienen que continuar.

«*Yo soy* la Poderosa Presencia, que jamás se vuelve impaciente o se siente desanimada por los largos periodos durante los cuales los hijos de la Tierra le dan la espalda a la Luz para deleitarse con las actividades de los sentidos exteriores, hasta el día en que se vuelven muy repugnantes para ellos, y con su último aliento exclaman: ¡Oh, Sálvame Dios!»

Sólo puedo sonreír cuando me imagino que piensas que soy un anciano gruñón, pero no es así, sino que con el valor preciso debo señalarte las Verdades que hay en tus necesidades, para que de ello obtengas beneficio. Después de todo, en cuanto me conozcas más, no me considerarás ni tan anciano ni tan gruñón.

En tanto sigas haciendo preguntas continuamente, no encontrarás las puertas del conocimiento completamente abiertas.

Si el deseo de la humanidad por alcanzar la Luz es auténtico —lo que determinará si esta actividad autosostenida vale la pena— los Rayos Naturales se volverán perpetuos para la Tierra y serán acumulados en el centro. El mundo está constituido de tierra, agua y aire. Los Rayos son el Fuego Cósmico interpenetrando estos tres elementos. Los Rayos atraviesan la Tierra, donde se suavizan, forman y entretejen el Esplendor Luminoso de la actividad condensada de la Luz.

En un punto al sur del centro del Desierto de Gobi, un Rayo penetra en la corteza terrestre, el otro lo hace justamente al oeste del lago Titicaca, en la cordillera de Los Andes. Este es el lago más grande de América del Sur y de la Tierra, y siglos atrás fue un lugar de suma importancia.

En la tierra estos son los dos sitios de Luz más fuertes. Durante cada periodo una Actividad Cósmica, que no se puede obstaculizar, tiene lugar. Hasta en el más mínimo detalle las grandiosas leyes Cósmicas son precisas y algo como el fracaso o las catástrofes no tiene relación con ellas.

La Gran Presencia *Yo soy* es la única cosa que tienes que considerar en tu vida. Vigila y manda tus sentimientos, porque si no, llegará un momento en el que, sin darte cuenta, te atraparán.

Si llega a sucederte algo y tú, que conoces la Ley, te desanimas, tendrás que retornar a la Presencia *Yo soy* de inmediato y preguntar qué debes hacer; por el contrario, algunas veces logras mantener tan fija tu atención en el desaliento que, incluso, necesitas de un sismo para moverte y desviar tu atención de ahí.

Recibe este decreto: «Ni la vista ni el oído tienen que manifestarse, esta tenacidad tiene que abrir paso».

Adopta la posición inquebrantable de que «*Yo soy* la Presencia de mi vista y oído perfectos», para remediar esas situaciones. Cada persona debería tomar el decreto «*Yo soy* mi vista y mi oído perfectos».

Inicialmente, los cuentos de las *Mil y una noches* procedieron de los Maestros, quienes, para ayudar a los seres humanos, los dieron como Verdad Velada, y aquellos que, gracias a la fe, creyeron en ellos, recibieron extraordinarias manifestaciones.

Tiene que haber fe al inicio de estas extraordinarias manifestaciones para poder navegar con la marea hasta que seamos capaces de manifestar la realidad, ya que la Fe es el poder sustentador, y si logramos mantenerla formada, se vuelve real.

Cuando entras completamente en su acción siempre están las dos actividades de la Ley: en primer lugar, la condensación, y en segundo, la transformación en éter. Síguelas tranquilamente y no permitas que te entorpezcan el tiempo, lugar o las cosas.

La mente exterior tiene que permanecer serena y firme, la voluntad exterior e interior tienen que hacerse una. En tanto la atención se mantenga firme en ellos con una fuerte determinación, les será revelado más acerca de la Operación Interna, hasta que sean capaces de utilizarla conscientemente.

CAPÍTULO XVIII

Me gustaría que cada uno de los estudiantes, justo en este momento, utilizara el siguiente decreto con todo el entusiasmo que puedan mandar «*Yo soy, Yo soy,* yo sé que *Yo soy* el manejo de la ilimitada Opulencia de Dios».

Quiero decirte que si un grupo de estudiantes unánimemente desea trabajar con el mismo decreto, en el momento en que lo utilizan no sólo están trayendo a sus mundos el manejo de esta Gran Opulencia, sino también una gran bendición a los estudiantes agrupados con la misma cosa, porque «*Yo soy* la Presencia en cada uno». Este es el extraordinario poder del trabajo cooperativo.

Los estudiantes que entre sí mantienen la amorosa bendición, realmente están apoyados en el «Abrazo de la Gran Presencia *Yo soy*», y en el momento en que ordenan su acción, están enviando la misma bendición y acción, no sólo para sus compañeros, sino también para ellos mismos.

Esta es la postura adecuada que deben mantener, y si en el corazón de cada uno se conserva honestamente, ninguna persona que se encuentre dentro de este Abrazo tendrá miserias; por el contrario, aquel estudiante que apruebe cualquier sentimiento de enemistad para con otros, se desconectará de esta Bendición y Gran Esplendor.

En este momento ingresemos la simple comprensión del libre albedrío y el Deseo de Dios. El Deseo de Dios es la Opulencia de la Buena Voluntad, que es la primogénita de cada uno de los hijos de Dios.

Cuando por medio de la utilización de la Poderosa Presencia *Yo soy* te acercas con honestidad a la Luz es imposible que sientas algo que no sea la Voluntad de Dios. Como Hijo de Dios al que el Padre ha provisto de libre albedrío, tienes que entender que sólo en ti se encuentra el mandar aquello que actuará en tu vida y mundo. Debes saber que por tener libre albedrío únicamente Dios es capaz de actuar en tu vida y mundo de acuerdo con tu mandato.

El origen de toda Vida es Dios y cada hijo de Dios es una parte individualizada, consciente y dinámica de ese Gran Principio Único de poder, vida y amor.

Esta Conciencia Maravillosa, Dios la ha otorgado en resguardo a cada uno de sus hijos, ella es omnipresente y perpetuamente flexible para ser enviada hacia un punto céntrico donde, para rodear a la Tierra, escribirá con la Pluma de Luz.

El libre albedrío es lo que guía a la conciencia. La idea ortodoxa de que Dios actúa en la vida de cada persona o nación de acuerdo con su voluntad es falsa. Dios sólo actúa a través de la mente de su propia individualización que está cubierta con las personalidades que ves a tu alrededor. Estas personalidades solamente son vehículos de utilización y manifestación de esta Poderosa Individualidad que configura tu libre albedrío y la Voluntad de Dios. La personalidad existe bajo tu mando consciente.

Aunque no te percates de ello, te aseguro que cada actividad de tu cuerpo se mantiene gracias a una acción consciente, pero conforme vayas ahondando en la Conciencia de la Poderosa Presencia *Yo soy*, entenderás que es inverosímil que una acción exterior suceda sin la acción autoconsciente.

Puedes verificar esto de una forma muy sencilla. Efectivamente, si deseas efectuar una acción física, como mover la mano, por ejemplo, la idea de realizarlo, indudablemente, tiene que anteceder a la acción misma, de lo contrario la mano no se moverá.

Deberías aceptar esta sencilla explicación y meditar sobre ella frecuentemente, ya que librará tu mente de cualquier estorbo. Eres un ser autoconsciente y con libre albedrío, y realmente esto es de gran trascendencia para todos los estudiantes. Estimo a cada uno de ellos, a hombres y mujeres por igual.

En el centro de los dos grupos de esta semana estuvo la «Presencia Individualizada de Jesús, el Cristo». En una, se presentó bajo la forma de «Árbol de la Vida», así cada estudiante es una rama. En la otra, estaban en su «Pilar de Esplendor Deslumbrante», dentro del cual se encuentra su Forma Personal Visible. En la primera, su Forma se localizaba adentro del «Árbol de la Vida», pero invisible, además de otros miembros de la Tropa Ascendida que estaban presentes. Asimismo se encontraban Nada, Cha Ara, Lanto y yo.

Quiero decir al grupo de jóvenes benditos con la rosa en el medio, que a todos ellos los tengo dichosamente en mi cordial abrazo para que puedan respirar y utilizar la Radiación de mi Ser. Tienen a su alcance la libertad y el mando siempre que sigan estas indicaciones y las utilicen.

También, quiero que los estudiantes comprendan que la Fuente de la Vida, que fluye a lo largo de sus mentes y cuerpos, siempre se les presenta pura y natural llevando toda la energía, valor, poder y sabiduría anhelados, pero cuando no controlan sus sentimientos y pensamientos, sin tener conocimiento de ello, están cargando esta Esencia Pura con las ideas exteriores en las cuales se ha fijado la atención.

Crear la costumbre de estar autoconsciente, de que «*Yo soy* la única Inteligencia actuando», en cualquier momento en que la mente esté atareada, protegerá a la Extraordinaria y Poderosa Fuente de Vida contra el resultado desgastante, yo diría descargador, de las nociones erradas que se encuentran en la actividad exterior de la mente. Si uno consigue entenderlo ciertamente, este es el sencillo misterio de toda Perfección.

Esta Maravillosa Vida se presenta pura y perfecta para que la usemos, pero por carecer de entendimiento, continuamente la mente exterior la carga con conceptos hostiles; de modo que las personas modifican su Acción Perfecta de acuerdo con lo que encuentran manifestado en la actividad exterior, como por ejemplo la discordia y restricción.

Esto te aclarará cuál es la actividad sencilla y autoconsciente que debes tener para poder alcanzar esta Vida perfecta y maravillosa que, en su estado puro y balsámico, fluye continuamente a lo largo de tu cuerpo y mente. Te garantizo que los que se sujetan y mantienen esta idea, realmente, descubrirán que las irradiaciones de sus propios cuerpos se vuelven más suaves que la rosa y el lirio. Además serán capaces de conocer la conciencia de esta Perfección que circula constantemente para nuestro uso, como salud y belleza perfecta de rostro y figura hasta que su Emisión resplandezca como un Sol.

¡Oh, querido estudiante! Siendo esto tan sencillo, necesitando tan poco esfuerzo mantenido consciente, ¿acaso no vale la pena poner de tu parte todo lo necesario para entrar en la Presencia de esta Fuente de Vida y obtener su Bendición y Plenitud?

Durante algún tiempo, existió en la actividad oriental una sociedad secreta, procedente de China, que se sostuvo en la beatitud de la Luz hasta el momento en que el hombre encargado de la dirección de la orden creyó que un inglés había asesinado a su hija, a quien amaba mucho, en uno de los asaltos en la guerra. Este suceso llevó a la orden a su destrucción. Estos eventos fueron conocidos en el mundo exterior por las representaciones de «Fu Manchú», un excelente ejemplo de cómo la Luz puede ser deformada por algo que comenzó como un sentimiento de venganza.

Al principio de esa actividad, el llamado Fu Manchú fue un espíritu admirable y bello: esto comprueba que las catástrofes de la guerra y la falta de control del individuo sobre sus pensamientos y sentimientos, pueden arrastrar a tal desviación en la Corriente de Vida.

Respecto a la Actividad Sudamericana sobre la cual el presente trabajo ha fijado su atención jubilosamente: la viabilidad de instaurar dicho punto de radiación en el convulso mundo occidental fue puesta en duda por la mayoría, exceptuando a Lady Nada y a mí, hasta el momento en que este punto de radiación comenzó. Dado que no les había sido revelado nada, ellos no estaban al tanto ni sabían sobre nuestra larga hermandad. Por eso, bajo mi propia responsabilidad, afirmé: «Yo lo intentaré».

Hoy en día, tengo la total participación de todos los que dudaron. Además estuvieron con nosotros Lanto y el Maestro de Venus. Yo les dije: «Ha llegado el tiempo en que, los que se encuentran fuera de los Retiros, pueden ser transformados en Auténticos Mensajeros de la Luz». He demostrado estar en lo correcto gracias a ustedes. Por supuesto, ahora les pido que se mantengan conmigo sosteniendo esto.

Esto demuestra que instaurar esta Poderosa Presencia Activa en medio de una tempestad es viable. Todo el tiempo he sostenido esto, y casi siempre me he encontrado solo; no obstante, la destreza de los estudiantes para aferrarse al uso de la Presencia *Yo soy* está haciendo posible cosas formidables y, para animarlos, les digo, sinceramente, que con esta extraordinaria posición sostenida ha llegado un punto en el que es muy probable tener varios de los Seres Ascendidos sentados a su alrededor —tan visibles como sus cuerpos materiales— y hablarles.

Esto no es únicamente el trabajo de un deseo de los estudiantes, más bien su instrucción para ello. Por supuesto, este buen Hermano no lo entendió sino hasta hace poco, pero durante treinta años él ha sido instruido para ello. Su preparación se llevaba a cabo, la mitad del tiempo, en lo invisible y ha sido algo sumamente hermoso para aquellos que la han visto.

Estudiante: La noche pasada durante mi profunda meditación escuché las palabras: «En la Ciudad de Delhi».

Maestro: «Esto realmente quiere decir en la Ciudad de Luz».

Estudiante: El lunes 29 de noviembre de 1932, en la mañana, antes de la plática escuché las palabras de Jesús y también una vez más hoy antes de la plática: «Me has acompañado en mis sufrimientos, ahora me verás en mi Gloria y conocerás la recompensa que otorgará mi Padre».

Maestro: «En tu experiencia exterior así será».

En alguna parte las mismas palabras que Jesús utilizó frecuentemente pueden ser y serán usadas en cierta ocasión, con su correspondiente manifestación, puesto que las palabras que Él siempre utilizó eran «Vida» y contenían en su interior esa Vida Perfecta o Vida Ascendida.

Pregunta: ¿En qué estado se encuentra la situación mundial?

Respuesta: «El elemento que intentaba ingresar no logrará tanto como se creía. El antiguo adagio que dice «Si a un becerro le das cuerda suficiente, se ahorcará», en ciertas fuerzas es verdadero. En muchas ocasiones creen que han logrado una victoria fácil, cuando lo único que han conseguido es cavar su propia tumba».

Para mí ha sido una gran satisfacción comprobar que en América, tierra por la cual me he esforzado tanto, se encontraban aquellos que podían obtener eso que tú en este momento estás recibiendo y enviando. Del mismo modo, los Maestros de Venus desde hace algún tiempo han notado esto junto conmigo. Kumara tiene un terreno de acción diferente, pero en este momento también observa esta realización.

A excepción de la proyección consciente no existe emisión alguna que salga de ninguna parte del Universo. Sin la orientación consciente del Ser Cósmico —la cual es la Presencia Consciente Regente de la estrella o planeta—, la radiación emitida a nuestro mundo por las estrellas no puede tener contacto con la Tierra. Esta orientación consciente es lo que posibilita que la radiación emitida de un planeta a otro alcance su destino, sin embargo, la radiación dirigida de esta forma no es hostil para nadie.

Las Leyes Universales, Celestes, de la Tierra que impulsan el desarrollo por medio de la Ley de la experiencia, traen consigo mismas aquello que no conocen como resistencia. Si no existiera lo que las personas conocen como resistencia, no harían un esfuerzo consciente, lo que provocaría que el avance en comprensión o el regreso a la Casa del Padre —de la cual se han perdido los niños de la Tierra—, sea imposible.

Nada tiene que ver la discordia con la resistencia. La resistencia es una Ley natural; la discordia es una invención humana. En el Universo no existe la discordia, exceptuado aquella que la personalidad crea.

Hazte conciente de que «Yo soy la Presencia gobernante de esto». *En primer lugar, se presenta en la mente el deseo, pero si tomas conciencia «Yo soy la Mente Pura de Dios», destruyes ese pensamiento y tu mente se mantiene absolutamente libre de deseo.*

Cuando el líquido se precipita en la mano, califícalo instantánea-

mente como *Luz Líquida* y se manifestará como eso. Da la orden para esa cualidad antes de comenzar la precipitación.

Un estudiante no debe creer que verá la misma manifestación que otro: no se supone que los estudiantes sientan o vean cosas idénticas.

Dado que durante el día no hay un solo momento en el que no visualicemos algo, se entiende que el poder de la vista trabaja todo el tiempo. Expulsa todo fuera de la mente, a excepción de la imagen que anhelas. Ya que eso es todo lo que te incumbe. No permitas que la atención concentre el supuesto vacío.

CAPÍTULO XIX

Jesús revela su deseo

Cuando dije: «*Yo soy* la puerta abierta que ningún hombre puede cerrar», mi deseo era que todas las personas supieran que hablaba sobre el «Gran *Yo soy*», que es la Vida de cada ser humano manifestada en la forma. Mi intención no era que pensaran que el Jesús personal era el único a quien había sido otorgado este gran privilegio. Queridos hijos del *Padre Único*, cada uno de ustedes posee la misma poderosa Presencia en su interior, el Gran *Yo soy* que tengo y tenía durante esa época, gracias al cual conseguí la Victoria Final y Eterna.

Para dar fuerza, certeza y animar a tu mente, quiero que sepas que la conciencia que utilicé para alcanzar esta Gran Victoria fue el manejo de la Presencia *Yo soy* que se te está enseñando. Luego de explorar, en aquel entonces, todos los senderos posibles, la decisión y el anhelo por saber la Verdad me llevó al Gran Maestro —que algún día conocerán—, quien me reveló el Secreto Interior y la Poderosa Concesión, que me encaminó hacia la Poderosa Presencia, el Gran *Yo soy*. Por medio de su radiación la entendí e inmediatamente comencé a utilizarla. Esta es la única forma en que una individualización del Rayo de Dios es capaz de alcanzar la Victoria Eterna y levantar su estructura sobre un cimiento estable del cual ninguna actividad exterior puede apartar.

Ahora quiero comunicarte este sencillo, todopoderoso, uso de la Presencia. Aquellos que han alcanzado la Poderosa Victoria como yo lo hice, han ascendido, antes y después de mí, han empleado la actividad consciente de la poderosa y eterna Presencia *Yo soy*.

En el momento en que dije a mis discípulos y toda la raza humana: «Las cosas que yo hago, vosotros también podéis hacerlas y más grandes aún», yo estaba consciente de lo que decía. Sabía que dentro de cada individualización o Hijo de Dios, se encontraba la Poderosa Presencia *Yo soy*, por cuyo uso te impulsas hacia al frente sin ninguna inseguridad. Digo «impulsado» porque eso es exactamente lo que quiero decir.

A pesar de cualquier actividad del cuerpo exterior, el uso continuo de tu Presencia *Yo soy* te impulsa hacia adelante. Tempestades, zozobras y disturbios pueden suceder a tu alrededor, pero mientras que esta sola idea sea sostenida fijamente y estés en la conciencia de la Presencia *Yo soy*, serás capaz de permanecer tranquilo e imperturbable pese al bullicioso torbellino del mundo humano, en el cual podrías estar encerrado.

Únicamente existe una forma en que tú y el Padre se vuelvan Uno para siempre, y es por medio de la total aprobación de tu Presencia *Yo soy*, la energía, amor, sabiduría y poder que Él te ha concedido: dorada unión, escalones sublimes, gracias a los cuales ascenderás tranquilamente hacia la última realización.

Cada individualización de Dios, el Padre, algún día, en alguna parte tiene que encontrar, por medio de su Presencia *Yo soy*, el sendero de vuelta hacia el Padre, terminando así con su ciclo o ciclos de individualizaciones en el manejo de la actividad externa del *Yo* exterior. La Tierra es el único planeta donde existe esta densidad de la estructura atómica que sientes. La aceptación consciente y el manejo de la Presencia *Yo soy* que eres, aumentan paulatinamente el movimiento vibratorio de tu estructura atómica, descubriendo y liberando la actividad electrónica que se encuentra oculta dentro del átomo, permitiendo que te transformes en un ser autoluminoso.

Espero que todos los que puedan recibir o algún día entrar en contacto con esto, entiendan a la perfección que yo jamás fui, ni soy, un Ser Especial creado por Dios o diferente al resto de la raza humana. Es cierto que anteriormente había hecho esfuerzos conscientes, y logré alcanzar la Gloria mucho antes de la encarnación donde conseguí la Victoria Eterna. La vida que elegí hace dos mil años fue para demostrar que cada individualización de Dios, tarde o temprano, tiene que continuar.

Querido Hijo de Dios, insisto en que me veas como a un hermano mayor, uno contigo. Cuando dije: «Yo soy con ustedes siempre la Presencia Yo soy, que es Una, que soy con ustedes». Por consiguiente, ¿no ves de qué forma «Yo soy contigo siempre»? Medita esto e intenta sentir su autenticidad.

Durante y después de mi ascensión, vislumbré —desde la esfera en la que vivo a partir de entonces— la inmensidad de la radiación que iba a poder emitir a mis queridos hermanos y hermanas en la Tierra. En verdad quiero decirles: aquella persona que me envíe su pensamiento consciente con el deseo de ser elevado por sobre las restricciones de la tierra o de su propia creación, y viva conforme a ello, recibirá de mi parte toda la ayuda que sea posible dar de acuerdo con los peldaños de crecimiento de la conciencia que obtendrá poco a poco.

No me mal entiendas, cuando hablo sobre crecimiento me refiero a la raza humana en general. No me refiero a aquellos que alcanzaron con anterioridad un buen logro para que en el uso actual y la total aceptación de su Presencia Yo soy, sean capaces de romper el manto de la creación humana y, en cualquier momento, progresar en el «Abrazo de la Resplandeciente Presencia Ascendida Yo soy». Para algunos estudiantes, dentro del grupo que se ha creado, es posible realizar esto. Pero depende completamente de sí mismos, de la tranquila y equilibrada energía gracias a la cual se vuelven conscientes de su Presencia Yo soy.

Te traigo estas maravillosas noticias, ya que yo las probé en mi experiencia personal.

Antes de que eligiera plenamente la forma en que yo transmitiría el ejemplo a los seres humanos, de pronto empecé a utilizar una afirmación que me llegó de un impulso interior: «Yo soy la Resurrección y la Vida». Después de dos días de haber comenzado a utilizar esa afirmación supe, con gran alegría, lo que se tenía que hacer y quiero garantizarte que fue el uso consciente de esa poderosa afirmación, «Yo soy la Resurrección y la Vida», la que me proporcionó el poder para realizar, frente a tantos, la Ascensión y asentar en los registros etéricos ese ejemplo que eternamente se mantendrá presente para toda la humanidad.

Desgraciadamente, el manto de la idea ortodoxa tapó las mentes de las personas, obstaculizando el conocimiento de que, igual que yo, cada uno tiene dentro de sí la Presencia *Yo soy*, gracias a la cual cada quien es capaz de realizar y hacer las mismas cosas que yo, para alcanzar la Victoria Eterna.

Querido estudiante, este es el mensaje personal que te doy, formulado por medio del Rayo de Luz y Sonido en el que cualquiera puede entrar, ver y oír si tiene la suficiente preparación consciente.

Una vez más insisto en que pienses en mí como tu hermano mayor, dispuesto para ayudarte en cualquier momento. No pienses en mí como un Ser Trascendente, apartado de ti, con el que cualquier relación es imposible, ya que la Presencia *Yo soy* que me capacitó para realizar la ascensión es la misma Presencia *Yo soy* que te habilitará para hacer la ascensión que yo hice; sólo que en el presente, tú posees la ayuda de la Gran Tropa Ascendida de los Seres que han obtenido la Victoria Eterna y que, en tanto tú te preparas, gustosamente quedan a tu servicio.

Te rodeo de mi amor, y una vez más te repito: «siempre estoy contigo».

Saint Germain habla: «¿acaso no les tenía una sorpresa?».

CAPÍTULO XX

Son muchos los que han estado atestiguando esta actuación y ven con buenos ojos cómo los estudiantes realmente están ingresando en la Poderosa Presencia Yo soy, y de qué forma las cosas, que habían estado incomodándolos, se están desvaneciendo y, como si jamás hubieran existido, continúan desprendiéndose.

Querido estudiante, ¿No adviertes la gran alegría que llena a los que hemos tomado el sendero del logro de la Gran Libertad y Maestría sobre cualquier restricción, al verte ingresar en la Presencia, que si es sostenida, con toda seguridad, te llevará hacia esa misma Libertad? Únicamente cuando lo exterior se vuelve lo bastante manejable, otorgándole todo el poder a esa Gran Presencia Interna, en la que uno encuentra paz y descanso, en esa poderosa aceptación.

Un poderoso río de energía circula en esa paz y descanso, tal como un riachuelo de montaña pasa a lo largo de un fértil valle colmado de flores y bella vegetación. Asimismo, en esa paz que excede todo pensamiento humano, te desplazarás más y más, hasta que encuentres ese río de energía inmortal fluyendo en y por todo tu ser y en cualquier vivencia dondequiera que vayas.

Aunque es cierto que la inteligencia es el canal receptor, mientras sientas total, sincera y profundamente la «Verdad de la Presencia Yo soy», descubrirás que esa paz aumentará gradualmente hasta que un día «ante ti divisarás la puerta de tu creación completamente abierta y entrarás con los brazos abiertos en esa Libertad, respirando el bálsamo de la Atmósfera Pura del Mundo Etérico, donde podrás moldear, de acuerdo con tu deseo, esa sustancia plástica en la Perfección de todo».

Tu progreso es maravilloso, no permitas que ningún miedo

de personas, lugares, circunstancias o cosas te perturben y entorpezcan; frente a ti, se encuentra la «Presencia de la Luz», haciéndote ademanes para que sigas adelante y puedas ser mantenido en su cariñoso abrazo, recibiendo las vastas riquezas que ella te custodia.

En este momento te diré algo que te sorprenderá, pero yo te garantizo que es verdadero. La noche pasada se expuso la siguiente pregunta: «¿ustedes han estado juntos con anterioridad?» Quiero indicarles que hubiese sido imposible traerlos hacia esta acción intensa de la Gran Ley Interna, si anteriormente no hubieran tenido una armoniosa sociedad y una preparación. Seguramente es difícil para ustedes entender de primera vez que están recibiendo una instrucción intensa que sólo es otorgada después de tres años de experiencia en el retiro. Muchos de ustedes han acumulado tesoros de Energía, es decir, Energía creada a partir de su actividad consciente por medio de la Presencia Yo soy. Otros tienen guardados tesoros de Luz; otros, tesoros de Amor; otros tienen joyas y oro que fueron reservados para ser utilizados en esta encarnación. Algunos están a punto de manifestar, en sus manos, a la visibilidad estos tesoros guardados. No crean que me he extraviado en sueños ilusorios. Yo estoy haciendo esto de su conocimiento y llamando su atención para beneficiarlos y bendecirlos.

Quiero que durante unos minutos te guardes y hables con tu Presencia Yo soy diciéndole más o menos: «Gran Presencia Maestra que Yo soy, te adoro, te amo. Me vuelvo a ti, Abundancia de todo Poder Creativo, todo amor, toda sabiduría y gracias a este Poder que eres, te concedo todo el Poder para que hagas visible en mis manos y uso la manifestación de cada uno de mis deseos.

Ahora no intento tener poder alguno, ya que te requiero a Ti, la única Presencia Conquistadora de todo, en mi vida, mi hogar, mi mundo y mi experiencia. Acepto tu Supremacía Completa y tu Dominio sobre todas las cosas, y en tanto mi conciencia se fije en una manifestación, tu Presencia Invencible y tu Inteligencia tomarán el control, trayéndola a mi experiencia velozmente —incluso con la rapidez del pensamiento—. Yo sé que tú eres el Amo del tiempo, lugar y espacio. Por lo tanto, tú sólo necesitas el *ahora* para atraer a la actividad visible toda tu perfección. Yo me mantengo totalmente firme en la completa aprobación de esto ahora y siempre, y no consentiré que mi mente se desvíe de ello, ya que finalmente sé que somos Uno».

Querido estudiante, podrás añadirle a esto cualquier cosa que requieras, y, si puedes vivir en esto, te garantizo que me empeñaré en auxiliarte y sentirás la apertura de las puertas de la Opulencia de Dios.

Lo preferible y más importante es que cualquier persona sea capaz de concentrar su mente en la única necesidad continua, y ésta es seguir adelante hasta llegar a lo más profundo y estable de esta Poderosa Presencia *Yo soy*; una vez allí, todo lo bueno, el amor, las riquezas y la Luz fluirán en su vida y experiencia gracias a un poder interior de impulso que nadie puede detener.

Este es el motivo de la verdadera preparación, la razón por la cual los estudiantes fueron traídos a los retiros, conforme estuvieran lo suficientemente avanzados, ya que, como he explicado antes, solucionar los problemas que aparecen es relativamente sencillo, pero yo les pregunto: ¿qué bien produce continuar solucionando los problemas a menos que, en algún lugar, se tenga algo a lo que uno pueda aferrarse y que lo eleve por encima de la valoración de cualquier dificultad?

Hallar y anclarte en tu Presencia *Yo soy* es lo único que se debe querer hacer. Por supuesto, hasta que alcances el punto de anclaje firme a tu Gran Presencia *Yo soy* es preciso que soluciones tus problemas conforme aparezcan; aunque es preferible entrar y liberar esta Poderosa Presencia, energía y acción que ha solucionado los problemas antes de que lleguen a ti. ¿Acaso esto no es mejor que al despertar cada mañana, encuentres estas dificultades frente a ti, mirándote a la cara, como si realmente fueran algo importante pero que, después de todo, no lo son? No obstante, coincidirás conmigo en que muchos de ellos, al menos para los sentidos exteriores, son de una inmensa importancia.

Con tu bienaventurado acatamiento al Principio Divino de los Seres Creados y con nuestra Armadura de la Invencible Protección preparada nos dirigiremos hasta la misma energía de la Luz, en la cual ingresarás y la armadura se volverá superflua.

¿Acaso esto no vale todo el esfuerzo preciso para que seas capaz de moverte eternamente en esta Gloriosa Libertad? Por eso, cuando te levantes por la mañana, estos visitantes ya no estarán.

Mientras pronunciaba estas palabras, sin que tú lo supieras, te he sostenido en el centro de mi visión para que cuando las escuches, sientas la confianza interior de éstas, con una energía que te encantaría.

Cuando pensamientos desagradables o de crítica intenten ingresar en tu conciencia, cierra la puerta velozmente y ordénales que se marchen por siempre. No permitas que ganen terreno, recuerda que siempre tienes la fuerza y el poder sostenedor de la Poderosa Presencia *Yo soy* para ayudarte. En el momento en que tengas algún problema para cerrar la puerta, háblale a tu Presencia *Yo soy* y dile: «¡Mira, requiero ayuda. Vigila que la puerta se mantenga cerrada a este problema y obstrúyela para siempre!».

Deseo que te fijes en el hecho de que eres capaz de hablarle a tu Presencia *Yo soy* de la misma forma que puedes hablarme a mí, creyendo que yo poseo poder ilimitado, porque te garantizo que cuando digo: «Puedes decirle a esta Poderosa Presencia que se haga cargo de cada situación en tu vida y que te eleve hacia la Libertad y el Dominio de todas las cosas», no son palabras pronunciadas a la ligera.

Si ya alcanzaste la actividad de la Sustancia Universal, quiero atraer tu atención hacia el siguiente hecho: La sustancia de la que está hecha tu cuerpo y la que aparenta ser invisible a tu alrededor, es sumamente sensible a tus pensamientos y sentimientos conscientes, por esta razón eres capaz de moldearla de la manera que quieras. Tu pensamiento y sentimiento conscientes pueden moldear la sustancia de tu cuerpo en la forma más delicada y hermosa: tus dientes, ojos, cabello y piel se pueden volver deslumbrantes con luminosa belleza.

Este hecho alienta a las damas y, si bien a ellos no les gusta aceptarlo, estoy convencido que también a los caballeros. Cuando se vean en el espejo, queridos hermanos y hermanas, indíquenle a lo que se refleja allí: «por virtud de la Belleza y la Inteligencia que Yo soy, les ordeno tomar Perfecta Belleza de forma en cada una de las células de las que están constituidos y obedecerán a mi mandato, convirtiéndose en Belleza Radiante, pensamiento, palabra, sentimiento y forma. Yo soy el Fuego y la Belleza de tus ojos llevando, hacia todo lo que mire, esa Radiante Energía».

De ese modo, conseguirás la apariencia perfecta que te proporcionará el ánimo que necesites para saber que «Yo soy siempre la Presencia Gobernante».

Si quieres que tus formas se tornen más proporcionadas, recorre con tus manos todo tu cuerpo, a partir de los hombros y hasta llegar a los pies, sintiendo la perfección o simetría de la forma que quieras. Por medio de tus manos fluirá la energía o naturaleza de aquello que quieras manifestar. Si haces esto con un sentimiento intenso y auténtico, los resultados te sorprenderán. Este procedimiento es lo mejor que hay en el mundo para adelgazar y te garantizo que esto provocará que mientras la piel asume la perfección y la simetría deseadas, ésta se mantendrá firme y elástica en toda forma, ya que estarás enviando la energía de la Presencia Yo soy a estas células, obligándolas a cumplir el mandato ordenado. Yo te aseguro que, aunque esto pueda parecer risible, es una de las mejores, más seguras y perfectas formas de conseguir el cuerpo perfecto. Te digo que cualquiera que realice esto, pondrá su cuerpo en la condición deseada.

Deseo que los estudiantes se impregnen totalmente de la idea de que ellos son los amos de sus cuerpos, mentes y mundos y que pueden suministrarles lo que quieran. A través de ti, la Vida de Dios Pura y Perfecta fluye a cada momento. ¿Por qué no reemplazar el viejo esquema por uno nuevo? ¿No te das cuenta de la importancia que tiene el perfeccionamiento del cuerpo?

¿Qué piensas que puede hacer la Presencia Interna con un cuerpo que todo el tiempo está enfermo y sin armonía? Cuando esto sucede, la atención se concentra tanto en el cuerpo, que la

Presencia *Yo soy* sólo consigue un mínimo de atención. ¡Es tan sencillo! ¡Sólo hay que intentarlo! Con este tratamiento realizado con la energía de la Presencia *Yo soy*, la piel se hace firme y perfecta.

El motivo por el que hablo de esto con un sentimiento tan intenso y vehemente, es porque noto una transformación y progreso en casi todos, y que tienen una atención consciente especialmente colocada en esto, así cada uno podría ser trasladado a esa Perfección tan anhelada aún más rápido.

Si una persona tiene un vientre irregular —cualquier cosa que no esté derecha es anormal— debe alzar su mano izquierda con la palma hacia arriba y con un movimiento circular de izquierda a derecha y mover su mano derecha sobre el vientre. Se tiene que sentir intensamente la actividad absorbente cada vez que la mano pase sobre el abdomen.

A través de la mano, la veloz carga de energía penetra en las células encogiéndolas y disminuyéndolas a un tamaño uniforme. Yo les garantizo que este método no es una ilusión, sino que tiene un enorme significado y sin duda alguna dará los efectos deseados si se utiliza con sentimiento vehemente.

Está claro que la conciencia debe ser: «la energía que fluye a través de la mano derecha es la Presencia Todopoderosa y Absorbente que elimina todas las células innecesarias, restableciendo al cuerpo a su estado natural y perfecto».

El tamaño irregular del vientre no se compondrá con esto, pero se introducirá en él, cargando la actividad intestinal con un proceso de depuración y limpieza que será de un enorme beneficio. Aquellos en los que sea perezosa la actividad de esos órganos, encontrarán que se les activará hasta lo normal. Les garantizo que las damas nunca más necesitarán utilizar los rodillos o rodar en el piso y, asimismo, aseguro que ellas no son las únicas que utilizan los rodillos.

Es infortunado, casi repugnante, que las personas que tienen en su interior esta Poderosa Presencia de Dios, les otorguen a las cosas externas toda clase de poderes para provocar resultados dentro y fuera de ellos, ya que cualquier agente terapéutico que utilicen —como drogas, ejercicios o cualquier otra cosa—, tiene un mínimo efecto, tal vez ninguno, exceptuando el poder y la eficacia que ellos conscientemente les han dado a estas cosas. Este procedimiento actúa sobre las células donde quiera que se encuentren, ya sea en los músculos o huesos.

La mente exterior siempre desconfía de la eficacia del *Yo Interno* para gobernar parte del cuerpo. Si es capaz de mandar sobre cierto tipo de células, puede mandar sobre todas. Haz que lo exterior reconozca todo el poder de la Presencia Interna y de ese modo permite que ésta se difunda en el manejo de todas las cosas.

Por muchísimo tiempo, la mente exterior ha dado un enorme poder a todo tipo de agentes terapéuticos y a las drogas, pero ¿no se dan cuenta que lo único que les da autoridad es el poder que ustedes mismos les otorgan para que tenga un efecto en sus cuerpos? Pero ni por un momento he querido decir que las personas que no conocen la Presencia *Yo soy* prescindan de todos los agentes medicinales, sin embargo si fueran capaces de fijar sus mentes firmemente en que «ninguna cosa exterior tiene algún poder en sus experiencias, a excepción del que ellos mismos le otorgan» comenzarían a abandonar las restricciones a las que se han subordinado.

Ahora permíteme decirte que casi todo el poder otorgado a las cosas exteriores, sin que muchos estudiantes se hayan percatado de ello, es proporcionado involuntariamente. Enfocarse hacia esta Gran Presencia de Dios dentro de ti y otorgarle todo el poder para hacer las cosas que requieres y anhelas hacer, provocará que éstas se manifiesten con una rapidez y seguridad mucho mayor que la de cualquier agente terapéutico. Muchos emplearán esta idea con una enorme firmeza, en tanto que otros requerirán un mayor esfuerzo, pero indudablemente vale la pena hacerlo.

No olvides que la Presencia *Yo soy* siempre sabe todas las cosas, en cualquier forma pasada, presente y futura sin límite. Si reflexionaras sobre esta Gran Presencia, observarías y te darías cuenta que ella es todo amor, conocimiento y poder, así cuando tu atención se fije en algo a ejecutarse, entenderás que esta Presencia es la puerta abierta, es la todopoderosa realización y que no puede fallar.

Suplica a la Ley del Perdón y orienta la energía del *Yo Maestro* para que enmiende y rectifique el error, así conseguirás la libertad de su reacción.

Ya ves, pues, que mucho poder innecesario se ha concedido a la actividad externa; se le da mucha importancia a cosas que a la Presencia *Yo soy* no le interesan absolutamente para nada. A ella no le interesan los errores cometidos por el yo externo, y si el individuo pudiera comprender que le puede dar la espalda a todas las actividades discordantes, y darle a la Presencia Maestra *Yo soy* dentro de él toda la autoridad y el poder para disolver y disipar la condición errada, no podría nunca, de ninguna manera, sentir la reacción de sus malas acciones.

Cuando el individuo continúa criticando, condenando o juzgando a otros, no solamente está dañando a la otra persona, sino que también está permitiendo, sin saberlo, que ese mismo elemento que él está viendo en la otra persona, entre en su experiencia. La verdadera comprensión de esto hará más fácil que el individuo detenga esta actividad indeseable, porque se dará cuenta que será por su propia protección.

Vamos a exponerlo de otra forma. Cuando la atención consciente se fija en algo, esa cualidad entra a la experiencia del individuo. Cualquier cosa que un individuo vea con profundo sentimiento dentro de otro individuo, la estará forzando dentro de su propia experiencia. Esta es la prueba indiscutible de por qué el único sentimiento deseable que debe mandar a un individuo es la Presencia del Amor Divino, y por eso quiero decir amor puro y desinteresado.

Los estudiantes se preguntan algunas veces por qué tienen que manejar tantas condiciones en su experiencia, cuando se vuelven más y más sensibles. Es porque cuando ven una apariencia, que saben que no es real, dejan que su atención se fije en ella y no solamente la invitan, sino que la fuerzan dentro de sus propios mundos y después tienen que luchar para poder liberarse de ella. Esto se puede suprimir si instantáneamente se quita la atención de la apariencia y se reconoce que «Yo soy, Yo soy, yo sé que Yo soy libre de esta cosa para siempre». No importa lo que sea.

Claro que todo esto viene por falta de autocontrol del individuo o de una renuncia a usar ese autocontrol para gobernar lo externo. Hay dos condiciones que se manifiestan claramente en los estudiantes: una, que está lo suficientemente deseoso para hacer el esfuerzo pero que, sin saberlo, permite que su atención se fije en las cosas indeseables; la otra, a través de una cualidad de testarudez, no desea hacer el esfuerzo necesario para conquistarlas.

Ningún Maestro debe en ningún momento tener un pensamiento de crítica sobre cualquier estudiante, porque si lo hace estará invitando a esa misma crítica hacia él. Si los estudiantes captan la idea correcta de esto, lo detendrán por su propia protección.

Callarse ante la discrepancia en otro es mucho peor que la crítica hablada, porque se está permitiendo que la fuerza se acumule. Cuando alguna discrepancia llame tu atención, simplemente dile a tu Presencia Yo soy: «La Presencia Yo soy está dentro de esa persona, y lo *humano no me concierne*». No importa que sea una persona o un objeto inanimado, en el momento que veas imperfección, estás forzando esa cualidad en tu propia experiencia. Esto es tan importante que nunca se insistirá lo suficiente.

La primera consideración se deberá dar siempre a tu propio Yo Divino, adóralo siempre. Esto te da la oportunidad y la fuerza para elevarte a mayor altura, desde donde podrás dar ayuda a muchos, mientras que ahora la das solamente a unos pocos.

Ningún servicio puede ser de beneficio permanente, a menos que el individuo acepte primero y adore a su propio Yo Divino, la Poderosa Presencia Yo soy. Aquellos que quieran servir a la Luz y realmente hacer el bien, deberán comprender esto muy claramente.

Cuando los estudiantes dicen: «Si yo tuviera dinero, podría hacer mucho bien», es exactamente la actitud contraria a la que deberían tener. Si uno entra en la Presencia *Yo soy*, tendrá todo el dinero que quiera, y éste no podrá ser alejado de él.

Toma la posición con todo el mundo de que, «Solamente la Presencia *Yo soy* actúa en esa persona».

Toda experiencia externa es solamente una disciplina. Para aquellos que entran en este trabajo, el entrenamiento presente es realmente una escuela final o experiencia, y es por eso que algunos de ellos sienten que es un poco fuerte. Toda la Tropa Ascendida siente con inmensa alegría el amor y la gratitud que les es enviada y, claro está, responden casi sin límites.

Yo soy es todo lo que hay presente en todo sitio visible e invisible.

La conciencia necesaria llegará a ti de tiempo en tiempo a medida que continúes en el uso de esto.

No te dejes fatigar por «cosas». Solamente mantén la actitud calmada y certera de la Ascensión. Calmada, rápida y amorosamente acéptala y sé (esto elimina la tensión). Nada es más poderoso que esto.

CAPÍTULO XXI

¡Oh, si todos los estudiantes pudieran comprender que no existe ni actividad, ni conciencia mayor que la práctica de la Presencia *Yo soy*! No importa cuál de los canales entre los muchos que el hombre utiliza, ni tampoco importa cuál de los ángulos de la verdad se está manifestando, todos llevan al fin a éste que ustedes tienen el privilegio de conocer y usar ahora.

Ya sabes que todo conocimiento es inútil si no se practica. Tú, que practicas la actividad *Yo soy*, ya sabes y sientes la diferencia inmensa que existe entre ella y todos los otros canales que se conocen en el planeta. Cuando el estudiante pronuncia *Yo soy* con sentimiento y conocimiento de la Verdad, está poniendo en actividad física y visible la Presencia y el poder de Dios, que es *Yo soy*, y esto es totalmente diferente a cualquier otra costumbre y práctica, a toda otra afirmación que jamás se haya formulado en palabras. Es decir, que no existe ninguna otra expresión que tenga el poder del *Yo soy* para cumplir cualquier propósito, siempre que sea usada con atención consciente. Por eso fue que el Maestro Jesús la añadió a sus más importantes afirmaciones y, si los estudiantes comparan y meditan las afirmaciones que hizo el Maestro Jesús, captarán la estupenda plenitud de lo que acabo de decir.

Tengo que advertirles que en *ningún momento debe ningún instructor cobrar dinero por esta enseñanza*. Los discípulos pueden dar las ofrendas amorosas que deseen, pero el pago como obligación cierra la puerta de inmediato, ya que la actividad *Yo soy* está regida por una faceta de la Ley Divina que tendré que explicarte algún día. En estos momentos no se puede, ya que por más amorosos que sean tus deseos, no te es posible entrar en la radiación del Círculo Interior. Los hermanos que están recibiendo esta enseñanza pasaron treinta años en una difícil e intensa labor de preparación para poder efectuar este trabajo. El Círculo Electrónico dentro del cual actúa esta radiación está ajustado en forma muy especial, y para poder incluir a otros seres humanos habría que reajustarlo y transformarlo. Cada persona tiene su propia radiación y acción vibratoria, y por bella que sea la radiación nueva, tomaría algunos años para adaptarla. Este mecanismo invisible, por decirlo así, aunque es poderosísimo, es también más delicado que el más tenue velo.

Otra advertencia que debo hacerte a propósito de la radiación de la actividad *Yo soy* es que por ningún pretexto debe ningún estudiante o instructor adelantarle esta enseñanza a aquellos que no estén aún en esta radiación. Y no queremos que alguien sea tan desafortunado que se le ocurra pensar o decir que está autorizado para divulgar esta enseñanza cuando aún no ha recibido el permiso de comunicarla.

El instructor o el discípulo que practique la actividad *Yo soy* con sentimiento profundo y con sinceridad, no tendrá jamás que comercializar la enseñanza cobrando por las clases, ya que el *Yo soy* convertirá al practicante en un imán invencible de la Opulencia Divina. Todo el que practique diciendo «*Yo soy* la Omnipresente e Ilimitada Opulencia del Padre para mi uso», aunque al principio no tenga plena comprensión, tarde o temprano podrá comprobar la plena verdad y el poder que encierra el tratamiento. Yo sé que para el individuo el sustento es de primera importancia, pero en la Tierra el dinero es fugaz como las arenas movedizas, hasta que se aprenda a practicar la actividad *Yo soy* conscientemente, se verá que la provisión es ilimitada. Así sea de dinero, amor, comprensión, Luz o iluminación recibe la convicción que te estoy irradiando para que las uses con conciencia inamovible. Esto te dará la liberación de la estrechez monetaria.

Otro dato que yo vacilaba en darte aún, pero que tu empeño me ha obligado a esclarecer, es que sabiendo que la Presencia *Yo soy* —que en estos momentos estás poniendo en movimiento—, es la misma en todo individuo, en la Tierra y en todo el Universo, y que ella misma es la que te da el Poder y la Inteligencia para formular tus decretos, quiero que sepas también que tu aplicación consciente está actuando en todas partes igualmente. No es sólo en las circunstancias que en un momento dado te aquejan. Te mando esto con una radiación especial para que la puedas usar con toda confianza.

El estudiante tiene que hacer esfuerzos conscientes para mantener su mente en paz, de manera que el Poder Interior fluya sin obstrucción y se puedan cumplir los deseos. Cuando en el colegio te daban un problema de aritmética, para poderlo resolver también la comprobación; si al principio no lograbas resolverlo, tenías que continuar hasta que saliera todo correctamente, ¿no es así?, y si encontrabas dificultades en la operación le preguntabas a la maestra. Esto es idéntico. Continúa aplicando las reglas que ya conoces hasta que se te den tus deseos o necesidades. Cuando haces una afirmación basada en el *Yo soy* no puede fallar, siempre que tu determinación no vacile.

Un gran consuelo y un gran alivio es el siguiente: cuando a la Presencia *Yo soy* se le pide Luz, amor, sabiduría, poder o iluminación, es imposible albergar un deseo o intento egoísta. Una cosa no va con la otra y *Yo soy* elimina la forma negativa. Lo más importante para todo individuo es llegar a anclarse en la Magna Presencia y siempre ser fortificado por ella, ya que se está valiendo de una inteligencia, un amor y un poder tan grandiosos, y poniéndolo en acción, que éste actúa primero en ellos mismos.

A casi todos los estudiantes les entra un impulso de enseñar antes de haberse fortalecido mentalmente lo suficiente, y se encuentran entonces con obstáculos que no saben dominar. Se desaniman, sufren bajones y se retiran de la enseñanza defraudando la maravillosa labor que hubieran podido hacer más adelante. La Magna Presencia *Yo soy* organiza todo esto si se le invoca para ello. Se requiere enorme fortaleza para no dejarse mover. No hay nada que te pueda dar fortaleza y llevarte al éxito completo en tu actividad exterior como el uso consciente de tu Presencia *Yo soy*. Ponte inflexible contra lo que trate de disuadirte.

Contra la interferencia di: «Yo sé lo que hago y lo estoy haciendo. Mi Yo soy me guía y me fortalece». A veces tendrás que decir cosas muy fuertes para cortar la interferencia, pero no te dejes dominar por ella.

El uso de la Presencia impide que se desarrolle algo desequilibrado. ¿Por qué? Porque Yo soy es el Perfecto Equilibrio. Es el poder, la inteligencia y el amor que gobierna toda Perfección. Su sola mención y actividad obliga al equilibrio. La orden Yo soy es la actividad de aquello que ya existe, obligándola a aparecer en el exterior. Hay varias personas que si usaran la frase poderosa de Jesús, «Yo soy la Resurrección y la Vida», continuamente, ascenderían sus cuerpos físicos con toda seguridad. No se pueden usar las palabras Yo soy seguidas de lo que uno desee sin comunicarles el poder de manifestarse. Jesús vino por su propia voluntad a enseñarles a los discípulos la forma como él dominó al último enemigo.

Hay dos cosas que retardan el adelanto de un estudiante.

Una es cuando el esposo o la esposa no están de acuerdo con los esfuerzos de su cónyuge. La otra es la sugerencia ajena. Tú tienes tu Presencia Yo soy que es Omniinteligente, de manera que hazte impermeable a toda sugestión buena o mala.

Algún día consagraré una plática entera al sabio manejo de las cosas psíquicas (astrales, lunares, psiquismo, etcétera). No existe una persona en diez mil que comprenda que el despertar de la clarividencia *no* es espiritual. Cuando se comienza a ver en el plano psíquico, sólo se está usando la vista física, pero algo expandida. Eso es todo.

En el plano psíquico también se reciben sugerencias que ofrecen un mínimo de la verdad, lo suficiente para despertar el interés del sujeto hasta que las fuerzas psíquicas (dañinas) se apoderen de él. Esto puede ocurrir por lo fascinante del fenómeno, pero sólo hay que enfocar la atención en la Presencia Yo soy y ésta lo extrae de allí y lo ancla plenamente en el plano espiritual y en la Presencia Yo soy.

Cuando las personas se mezclan con el plano psíquico, se encuentran que todo se distorsiona. No se obtiene ninguna prueba definitiva de la Verdad y se hace la confusión en la mente. Las entidades del plano psíquico comienzan a profetizar y a veces a alabar. Es lo primero que hacen. Buscan ponernos bajo su dominio. La salvación está en que nadie se le puede oponer a un Mensajero de la Luz y todo el que trabaja en la Presencia *Yo soy* es Mensajero de la Luz: es Radiación. Aquellos que se les oponen reciben la reacción, ya que la Luz rechaza todo lo que no es igual a ella misma.

Siempre comienza dando tu gran amor y adoración a tu propia Presencia *Yo soy*. Luego a las Entidades de Luz que te puedan ayudar, y luego refuerza tu *Yo soy* con afirmaciones como «*Yo soy* la Victoriosa Presencia en cualquier cosa que yo desee», «*Yo soy* la Presencia en toda orden que doy, cumpliéndola, llenándola», etcétera. Ahora no hay nada que cierre la puerta tan rápidamente como la impaciencia, la perturbación, el malestar de ánimo, el apuro en ver resultados. Ninguna creación humana, ninguna ignorancia de otras mentes, aun cuando sean dirigidas a uno personalmente, tienen poder alguno para perturbarnos. Si algo de esta clase te confunde, de inmediato dirígete a tu Presencia *Yo soy* y exige ver y saber claramente el plan a seguir y cómo debes calificar la circunstancia.

Este canal debe conservarse siempre limpio y puro. Las imágenes de los Maestros deben ser consideradas sagradas para el estudiante. Recuerda la antigua máxima: «Saber, osar, hacer y callar».

CAPÍTULO XXII

El estudiante debe comprender que lo que se llama el «plano psíquico» no tiene que ver en nada con la espiritualidad. Es únicamente una facultad humana que puede ser puesta en juego por aquellos seres humanos que le presten suficiente atención. Pero es de advertir que aquel que desee entrar al plano psíquico *solo*, consciente o inconscientemente, es mejor que no hubiera venido a esta encarnación, pues la fascinación de los fenómenos psíquicos es tan penetrante que todo aquel que se ancla en el plano psíquico no se libera en esa encarnación; más bien puede que necesite varias encarnaciones para liberarse.

En todo nivel de conciencia hay un fragmento de verdad no reconocida, pues si no la hubiera no le sería posible sostenerse (sólo la verdad es eterna; la mentira existe, es posible, pero transitoria). Debes comprender que en todas las cosas, en toda actividad hay más o menos energía divina en acción, mal usada tal vez, pero en acción.

El estudiante sincero no prestará atención a los fenómenos psíquicos de evidencia o audiencia y deberá comprender que tiene que atravesar directamente, por el poder de su voluntad interior (la Llama Azul) y su determinación, y entrar al Cinturón Electrónico donde se expresa únicamente la Verdad.

Amado estudiante, mientras explico lo siguiente, que es necesario, quiero que tomes la resolución de no sentir temor alguno.

Dentro del pensar y sentir del nivel psíquico actúa lo que se conoce en este mundo como «la fuerza siniestra». Algunas veces, almas que han alcanzado espléndidos logros interiores, no comprendiendo la realidad de lo que estoy mencionando, han permitido que su atención se detenga o sea atraída a este nivel por el hecho de que se les ha despertado prematuramente una de estas facultades, porque una semblanza de la verdad les ha sido presentada y suficientes fenómenos como para sostenerles la atención. Después que la atención se fija, todos encuentran que la semblanza de la verdad desaparece.

Uno de los atributos más fascinantes de este plano es el de las falsas profecías, las cuales hacen que el individuo haga otras más audaces aún. De cuando en cuando se cumple alguna para mantener la atención más fuertemente. Junto con esto hay una sustancia que es introducida en el cerebro (no puedo explicarles más ahora), lo que hace imposible que el maestro interfiera para ayudar, porque implicaría actuar contra el libre albedrío del sujeto, quien ha aceptado la situación. Hay algunos casos en los que el sujeto ha comprendido el error antes de que se haga demasiado tarde y, ante su intensa llamada para ser libertado, uno de los Hermanos ha sido enviado para ese fin.

Ocasionalmente hay alguien que, por su gran pureza, pasa a través de este plano sin conocerlo o contactarlo. Este individuo es realmente muy afortunado. Las fuerzas en este plano trabajan directamente sobre la naturaleza sensorial y sobre las pasiones del individuo porque es más fácil llegar allí. Aquellos seres que han perdido el poder controlador (dominio) de su pasión —ira o sexo— se han enredado en el estrado psíquico del pensamiento y sentimiento y han abierto así las puertas de sus bellos y maravillosos Templos de Dios.

A través de estas puertas abiertas, penetran las fuerzas del estado psíquico intensificando sus pasiones hasta una condición incontrolable. Mejor hubiera sido que el individuo pisara una serpiente de cascabel. Una vez enredado en esta esfera psíquica, muy a menudo quedan atados por muchas encarnaciones. ¿Por qué es esto? Porque hacen grabaciones en sus mundos mentales, de las cuales no saben liberarse. Por consiguiente, estas almas nacen de nuevo con iguales tendencias hasta después del segundo y tercer nacimientos. Son las criaturas depravadas que se pueden encontrar a donde quiera que uno va.

A veces la influencia es lo suficientemente maliciosa para ocultarse del mundo exterior durante mucho tiempo, efectuando su obra nefasta en secreto, y aquí está la más lastimosa parte de esta situación, que aparenta ser oculta, pero que no lo está.

En los altos planos hay grandes y bellas almas que voluntariamente bajan a este plano para ayudar a través de sus radiaciones y desligar a la humanidad. Hay voluntarios masculinos y femeninos, pero la mayoría son femeninos. Hay bellas almas encarnadas en cuerpos femeninos que se unen en matrimonio exterior con un alma masculina que se encuentra enmarañada en esa condición psíquica para liberarlos.

Si un individuo llega al punto de casarse en boda humana y llama al Dios Interior y le dice «si esta boda tiene por base un deseo pasional, que no se efectúe», gran dolor y tortura puede evitarse así.

Y ahora la verdad de todo esto. Aquellos que por sus propios esfuerzos o por la instrucción que reciben llegan a comprender exactamente lo que significa la Magna Presencia *Yo soy*, o sea, el verdadero Ser de cada uno, si ellos se aferran a esta verdad, nunca más podrán ser arrastrados a estas discordias mencionadas, *a menos que sea por su propia voluntad llegando a mayores planos de actividad, donde ellos saben exactamente lo que están haciendo*.

En los periodos de guerra, la puerta al plano psíquico se abre más fácilmente. Por esto es que se ha observado que después de las guerras hay una mayor manifestación de pasiones incontroladas que en cualquier otro momento.

Este conocimiento no debe causarle a nadie un temor especial por el estado psíquico. Si los estudiantes se encuentran en un momento dado conscientes de estar atravesándolo, deben hacer inmediatamente conciencia: «*Yo soy* la Presencia Maestra controladora y siempre victoriosa», e instantáneamente se encontrarán con toda la fuerza necesaria para enfrentarse a las apariencias y atravesarlas serenamente, sin temor.

Jesús sugirió que esta explicación le fuera dada a todos los estudiantes en cuanto entraran a la Radiación Triple, la que significa precisamente esta actuación, esta práctica de la presencia *Yo soy*, del Padre, Hijo y Espíritu Santo o la Llama Triple.

Astrología. Una de las cosas más tristes que tengo que decirte es que muchos de aquellos que tratan de hacer horóscopos están ligándose inconscientemente a la red psíquica, se están haciendo sensitivos y voceros de las condiciones adversas, que existen sólo en el plano mencionado.

Esta es una de las actividades más lamentables, porque el ser está tan inconsciente de que se ha abierto a una creencia, que lo envuelve hasta el punto de que ningún argumento ni razonamiento le cambiará sus convicciones. En los pasados veinte años (esto fue escrito en 1932), la astrología ha sido usada para este propósito más que para cualquier otra cosa.

Muchas veces, el pensamiento o radiación del plano psíquico dice a través de la astrología que ciertas condiciones se manifestarán para el individuo y que no podrán ser evitadas. Si no está dicho en palabras, se hará sentir. Esta es una de las razones que provocaron que ocurriera el cataclismo de Atlántida y es porque los atlantes se negaron a escuchar la voz de los Maestros de Sabiduría que los alertaba.

Yo comprendo, amado estudiante, que si te interesan los horóscopos puedes pensar que soy severo, pero no es así. Mi amor por ti es lo suficientemente grande para decirte la verdad pura. Si no puedes creerla tendrás que continuar tu propio camino, ya que eres un ser con libre albedrío al cual no tengo deseos de atacar, excepto para decirte que tengo el privilegio de señalarte el camino.

Aquellos que se atengan tenazmente a su Presencia *Yo soy*, no tendrán por qué temer jamás ninguna de las cosas que les he referido, porque la Presencia *Yo soy* los corregirá, los mantendrá firmes en el sendero verdadero de la Luz, remontando la escalera de oro, con pasos definidos, precisos, hasta lograr su dominio pleno y perfecto.

Te aseguro, amado, que mi corazón sangra por aquellos que están esclavizados por la astrología, pues están tan ciegos al espinoso camino que pisan, que cuando la agonía de estas heridas sea insoportable será cuando ellos clamarán al cielo, y con todo su ser rogarán: «¡Oh, Dios, enséñame el camino verdadero!».

Amado estudiante, que con tanto empeño buscas la luz, debes saber que no hay sino una Presencia que es tu invencible protección, y ésta es la Gran Presencia *Yo soy*, Dios en ti.

No dejes que tu atención sea distraída por estas manifestaciones exteriores: astrología, numerología, espiritismo o alguna otra cosa que te quite tu atención de la Magna Presencia *Yo soy* que es tu Ser Real.

Si te vuelves a Él, en todo momento, te guiará en el Sendero de Luz con esa quietud que te permitirá entrar al Gran Silencio en la Paz que sobrepasa toda comprensión y donde encontrarás la más grande de toda actividad de Dios, la Presencia *Yo soy*.

Amado, no puedes servir a dos amos a la vez y ganar victorias más adelante. Como tienes libre albedrío, debes elegir. Si escoges lo externo, olvidando la invencible Presencia *Yo soy*, entonces, aunque mi amor te seguirá envolviendo en su gran manto de protección, tendremos que esperar hasta que tú mismo escojas regresar al Dios único.

Si escoges tu Presencia *Yo soy* y permaneces con ella, tus luchas terminarán pronto. Te encontrarás circulando en esa esfera de paz, armonía y perfección, desde donde observarás al mundo exterior con gran compasión, pero nunca con lástima humana, que ahoga tu propio crecimiento.

Esto nos recuerda el antiguo dicho: «Busca el Reino de los Cielos y todo lo externo te será dado por añadidura». Ese Reino de los Cielos es la Gran Presencia *Yo soy*, tu única realidad que es el dueño y dador de todas las cosas creadas y manifestadas.

¿No es extraño, amado discípulo, que se pueda marchar tanto tiempo en la discordia y la limitación cuando en todo momento la Presencia Maestra de la Luz, la Presencia *Yo soy*, camina a nuestro lado, esperando que nos volvamos hacia ella y recibamos sus radiantes y gloriosas bendiciones de perfección en todas nuestras manifestaciones exteriores? Tal es tu privilegio, amado.

Aunque yo lamento que algunos no sientan aún la verdadera importancia de su Presencia *Yo soy*, y que todavía buscan las cosas externas, yo continúo esperando, envolviéndolos en mi amor, porque ellos tienen libre albedrío. Tal vez yo sea un poco anticuado, pero cuando veo individuos tan buenos y tan correctos, quisiera mantenerlos abrazados a mí, hasta que sientan la Presencia *Yo soy* en ellos. Pero esto no me es permitido, pues sé muy bien que todo el que siente el deseo de asirse a lo externo, debe hacerlo hasta que ya no sienta más el deseo.

Los estudiantes tienen que comprender que no pueden dividir la atención entre lo externo y la Presencia *Yo soy*, porque eso es «la casa dividida contra ella misma» y que tiene que caer, tarde o temprano.

Toda grandeza depende de la Presencia *Yo soy*. En Ella está toda la fuerza, el valor y el poder. Ella debe ser el gobierno de la forma. Si estos benditos pudieran tan sólo realizar que gran privilegio está a su alcance, en poquísimo tiempo estarán liberados de toda limitación.

La verdad de este dictado

La situación es la siguiente: cuando los estudiantes preguntan si a ellos les es permitido presenciar estas comunicaciones, tienen el derecho de saber lo que implica este tipo de trabajo. Es poco usual, debes saberlo.

Mientras el estudiante no sabe que el Dios Único está viviendo en su interior, que es —siempre ha sido y siempre será— perfecto, su mente y cuerpo están en un estado de desajuste. La estructura atómica es un instrumento mecánico cuyas innumerables partes deben trabajar en armonía y perfecta cooperación las unas con las otras. Los estudiantes no comprenden que cuando una labor específica tiene que ser hecha, tiene que haber una preparación definida.

El ajuste necesario del cuerpo y el cerebro del estudiante toma semanas, meses o años, dependiendo de las necesidades del individuo.

Jamás en la historia de la preparación del estudiante se le ha permitido entrar al Círculo Electrónico Interior del Maestro. A los estudiantes se les enseña la aplicación, pero nunca se acercan al Círculo Electrónico del Maestro.

Treinta años han sido necesarios para preparar el Círculo Electrónico para este trabajo de dictado. No importa cuán bella sea la radiación y el amor del individuo, nosotros no tenemos el tiempo con qué prepararlo y ajustar la estructura atómica del cerebro y el cuerpo de los estudiantes en este periodo de crisis mundial. Sin embargo, con su sincera determinación y el uso de la Presencia *Yo soy*, se preparan para la Presencia de la Tropa Ascendida.

Por ejemplo, supongamos que hay una persona que está dotada por su naturaleza del talento para las conferencias públicas. Si lo van a asistir los Maestros Ascendidos, el conferencista es preparado durante veinte minutos, media hora antes, encerrado en un tubo de luz en el cual no entra nada sino la radiación del Maestro Inspirador.

CAPÍTULO XXIII

Jesús prepara la Pascua

Cuando yo actuaba en Judea, hablaba con la autoridad de la Presencia *Yo soy*, reconociéndola como el único poder e inteligencia actuando o que pudiera actuar. Yo estaba consciente de la actividad exterior de las mentes en la humanidad que me rodeaba, pero como ya les he dicho, fue sólo cuando comencé a usar la afirmación «*Yo soy* la Resurrección y la Vida», que me reveló completamente la plenitud de mi misión y la forma de cumplirla. Dentro de ti está esa misma Presencia *Yo soy* que yo usé para perfeccionar lo que a la humanidad en ese momento le parecían milagros. Este es el punto que quiero afincar hoy en ti. Te aseguro que yo no estaba sino haciendo actuar las Leyes Cósmicas que siempre te rodean y que esperan ser puestas en actividad por medio de tu dirección consciente.

El error que cometen los estudiantes, y que retarda su adelanto, es sentir que están representando una falsedad al declarar una perfección que ellos no ven aún manifestada en su apariencia o actividad. Les digo sinceramente, de acuerdo con mi propia experiencia, que *tenemos que admitir la única presencia, inteligencia y poder y luego apropiárnosla, reclamándola como nuestra en cada pensamiento y actividad*.

Es la única forma en que esta Magna Perfección puede ser incorporada en la plenitud de nuestro uso y hasta en nuestra apariencia exterior. El hecho de que esa perfección aparentemente no se haya manifestado, no te debe impedir aplicarla y reclamarla como tuya propia, ya que cualquiera que tenga mediana inteligencia puede darse cuenta de que la energía y el principio vital que está usando es Dios, la Magna Presencia *Yo soy*; por consiguiente, esa Presencia, su poder y energía está siempre autosostenida.

Al reclamar esta Gran Presencia y su Actividad, estás impulsándola conscientemente en tu vida, casa, mundo y asuntos. Hoy, así como también en el tiempo de mi Ministerio, la lucha económica aparenta ser el peso más grande y, sin embargo, allí al alcance de tu maniobrar consciente y la dirección de la gran energía, sustancia y opulencia que te rodea, tienes todo lo que es necesario para atraerte esa maravillosa y siempre presente opulencia de Dios.

Cuando dices *Yo soy*, estás incitando a la acción aquello que llena tus órdenes conscientes. Una de las primeras cosas que se aclararon en mi conciencia fue mi poder natural y de todos para calificar la energía, de dirigirla conscientemente a que produjera cualquier cosa que la necesidad ordene; todo esto tiene que ser reclamado, ordenado con el esfuerzo determinado y consciente, que sabe que en esta orden consciente *está la Presencia Yo soy hablando y actuando*. Por lo tanto, ella tiene todo el poder y autoridad para revestir la orden con lo que ella ordene.

En la conciencia de que eres la Presencia *Yo soy* actuando siempre, *ya puedes saber que tú eres, en el propio momento de reconocimiento, un invencible imán de atracción* que obliga a cada actividad en el Universo a acudir a ti para cumplir la orden. La única razón que hace que la verdad aparente no serlo, es que en alguna parte de tu conciencia hay una sensación de incertidumbre acerca de tu habilidad o de tu autoridad, o bien del poder de actuar de la Presencia, pero yo te aseguro que es un placer revelarte estas sencillas Leyes que, sin embargo, son grandes e invencibles en su actividad y que te darán el dominio y la libertad por encima de todas estas cosas que parecen montañas de obstrucción en tu sendero. A medida que continúes aceptando y usando estas Leyes, te encontrarás logrando dominio sobre los Cuatro Elementos: Tierra, Agua, Aire y Fuego.

Cuando tú te hayas hecho consciente de «la Llama de tu Divinidad» estarás actuando desde el más alto de los cuatro elementos, el Fuego, que es la verdadera actividad del Espíritu.

Así como la actividad consciente es con respecto a la inconsciente, así es el uso consciente de la Llama con respecto al conocimiento de la Luz. El elemento natural de tu Alma es la Llama. Cuando se hace conciencia de que se tiene —se es— se puede usar y dirigir esta Llama Consumidora, así se ha entrado al Magno Poder.

Cuando se hace conciencia de que ya se dominan los cuatro elementos, *no se tiene mas que practicar el uso para que venga la conciencia de que se puede dirigir el rayo, dominar la tempestad, controlar las aguas y caminar dentro del fuego sin recibir daño alguno.* ¿Cómo quieres tú que se pueda usar algo antes de haberlo reconocido y sin saber que se tiene la habilidad de hacerlo tu servidor?

Por la práctica de su uso, uno se vuelve absolutamente invencible en su dirección. Yo deseo aclararte enfáticamente que se te están dando exactamente las Leyes que yo sé y que todos aquellos que llegan al estado ascendido tienen que usar.

Todo es cuestión de uso una vez que tú conoces estas Leyes y que la Presencia Yo soy —que eres tú— tiene toda inteligencia, poder y autoridad para dirigir conscientemente la energía a través de la actividad de tu mente. Luego, no temas usarla para curar, prosperar, bendecir e iluminar a tu prójimo.

Borra para siempre de tu mente que pueda existir algún egoísmo en tu reconocimiento consciente de que la Presencia Yo soy te dirige o te está dirigiendo. No importa lo que necesites para tu éxito, si te hace más hábil y te da mayor poder para bendecir. Luego ¿no ves tú que no puede existir egoísmo en el deseo de lograr mayor habilidad y perfección? Y aquello de que individuo alguno tenga que esperar para que otro adelante nos ayude es un gran error. Es verdad que nadie puede crecer por otro, pero sí puede ayudarlo inmensamente a reconocer con intensidad que «Yo soy la única Presencia, inteligencia, actuando dentro de aquel individuo» y esto puede ser seguido por cualquier condición que la persona aparente necesitar.

El primer deber de todo individuo es el de amar y adorar a la única y Magna Presencia Yo soy que está presente en todas partes.

No ves cómo en esto hay un privilegio gozoso de amar a tu enemigo cuando dices «Yo soy la única Presencia y actividad actuando allí», porque si la ignorancia de su mente exterior ha creado desorden, dolor y limitación, y tú sabes que esa creación no tiene poder propio, no hay sino la creencia errónea del individuo que la sostiene, por consiguiente no tiene poder autosostenedor. Si has tenido la desgracia de crear disonancia, desorden, limitación, ¿no ves que sólo tú, a través del poder de la Presencia *Yo soy*, la Llama Consumidora, llamando conscientemente a la Ley del Perdón, puedes consumir por medio de esa Llama Vital —que eres tú— todo lo que has creado erróneamente en tu mundo?

Esto te debe aclarar cómo puedes limpiar tu mundo del desorden y las creaciones erróneas. Tú, en forma de Sol, la Luz de la Vida Eterna, juventud, belleza y opulencia sosteniendo en tu mano para uso instantáneo, el Cetro de Poder de la Presencia *Yo soy* que eres tú mismo.

Cuando quieras hablar con autoridad silenciosamente a otro ser, di su nombre y encontrarás que la ayuda, la energía que le envías será más fácilmente recibida. Es como llamarle la atención a alguien con quien quieres hablar. Luego le das el mensaje. Es la forma de enviar energía. Puedes hablar así a otra persona al otro lado de la Tierra, como si estuviera en el mismo cuarto contigo.

Pero si alguien pretende usar este conocimiento para dañar a otro, se encontrará con que el bólido electrónico traspasará su propio cuerpo con la intención que envió.

No vaciles, amado hijo. Usa este cetro de tu poder y dominio para sanar, bendecir, prosperar e iluminar, así verás todas las cosas humanas acudiendo a cumplir tu más mínimo mandato.

CAPÍTULO XXIV

A medida que la conciencia de los estudiantes es elevada a la actividad del elemento Fuego, todo en sus Seres comienza a actuar con una intensidad que ellos no comprenden y, cuanto más trabajen en este elemento Fuego, más necesario será mantenerse en guardia y alerta.

El entrenamiento que tratamos de darte para bendecir, proteger e iluminar a los estudiantes, es el entrenarse uno mismo a estar en guardia en todo momento, y aunque todos deben comprender y esforzarse en usar la Presencia *Yo soy* para mantener el autocontrol, hay que aprender a permanecer sereno si algo inesperado pasa.

Usa esta afirmación frecuentemente: «*Yo soy* la Presencia en guardia».

Si algo inesperado sucede, di solamente «Despediremos esto» y sigue en esa alegre felicidad. Trata de no tener sentimiento, pero sí saber que: «*Yo soy* la poderosa Presencia gobernando la actividad de cada uno».

Dondequiera que hay un Centro de Luz de la intensidad de este foco, está siempre el elemento que tratará de entrar a través de alguien. Si estás trabajando en la casa, sigue usando: «*Yo soy* la prueba contra cualquier disturbio repentino». Esto levanta una armadura que mantendrá la atmósfera armoniosa.

Usa a menudo «*Yo soy* la Presencia que nada puede perturbar». Mantente siempre con una actitud calmada y alegre, pase lo que pase.

Para alguien a quien desees ayudar, di «Mira, compañero, a través de la Presencia *Yo soy*, te doy el poder de controlar eso».

El gran amor y la armonía, dentro de los corazones de los

estudiantes, mantenidos durante un periodo suficiente hacen casi cualquier cosa posible. ¿Sientes la gran ola de paz y alegría que vino como la brisa de una mañana de primavera? Yo te lo explicaré para que veas cuán ilimitado y maravilloso es ese cuidado amoroso.

El Gran Maestro que Jesús contactó, el cual lo ayudó a ganar la Victoria, es el mismo que fue mi Maestro, y fue su Radiación la que nos llegó ahora. Él desea que yo te diga que «a medida que avances en el camino de la Luz, encontrarás que la manera más fácil de saltar un inconveniente es darle la espalda a la cosa y olvidarse de ella». Ya tendrás el nombre de este Maestro más tarde.

Para las actividades erradas di «Esto no es correcto», y después pásalo rápidamente. Esto elimina el disturbio que crece.

A medida que nos acercamos a la Luz somos una gran familia. Sabiendo que solamente hay «Una gran Presencia *Yo soy*» en todas partes, tú siendo la individualización de eso, solamente puede haber una gran familia, hijos del Dios Único.

Primeramente ten esto bien entendido: si un individuo valioso es muy crítico, di con certeza bien definida: «No hay nadie que quiera inmiscuirse en tu libre albedrío. No nos molesta el cuestionamiento sincero, pero no toleramos la crítica ni las discusiones».

El Mensajero debe negarse a aceptar las cosas discordantes, pero tiene que emanar el elemento Amor para que aquellas sean consumidas. El Mensajero debe estar fortificado porque si no el trabajo quedará a medio hacer. Ninguna clase o trabajo del Mensajero puede ser sostenido, si él permite que un argumento o un sentimiento discordante sea generado.

Es muy difícil que el individuo común comprenda que la manera más fácil de impedir cualquier clase de disturbio sea *la de cesar la discusión sobre ese punto*.

Lo único que necesita atención es lo que está en tu Aura. Lo que está archivado en tu Atmósfera solamente puede salir a través de tu sentimiento. La palabra hablada, a menos que tenga un sentido de condenación o de furia tras ella, no grabará la disonancia en tu Atmósfera Interna.

De las dos condiciones indeseables siguientes, es mucho mejor que uno explote y saque la cosa de su mente, que guardarse dentro el resentimiento o rencor de haber sido herido, pues eso es lo que se registra en tu Atmósfera Interna. Desde mi punto de vista, yo veo lo que está registrado en tus sentimientos y por lo tanto en tu Atmósfera Interna.

Tú sabes cómo se forma un avispero, pues bien, déjame decirte que en tu mundo mental pasa exactamente lo mismo que cuando un avispero se manifiesta en el mundo físico.

Es muy importante que hagas algo para que no albergues un sentimiento contra personas, sitios, cosas o condiciones, porque éstas se amontonan y se graban en tu Atmósfera Interna.

Si te adviene un deseo como «yo desearía que fulanito hiciese tal cosa» transmútalo inmediatamente y di «Solamente Dios en Acción está allí».

Cuando un sentimiento se registra en tu Atmófera, se ancla allí hasta que lo disuelves o consumes. Es siempre el sentimiento el que hace el Archivo Interno.

No tiene ningún objeto el consumir una cosa, si no rompes con el hábito de generar la causa. Uno puede conquistar esto fácilmente diciendo «*Yo soy* gobernando aquí».

No dejes que tus pensamientos corran desenfrenados.

Muchas veces los individuos son asociados o reunidos con el único objeto de obligarlos a corregir estas actividades sutiles a las cuales la mayoría de las personas no ponen atención. Esto consiste solamente en aquietar lo externo para que la Verdad sea recibida. Esto es vital en la autocorrección del individuo.

A medida que te eleves en conciencia, la energía está esperando la expresión como avalancha y, si la energía no es controlada, se precipitará velozmente y causará que hagas cosas que nunca hubieras hecho por nada en el mundo. Cualquier energía que se te da para tu uso es para que la sueltes en el mundo externo armoniosamente. Tal es la Ley de tu Ser: la Ley Natural.

Si uno no comprende que tiene que gobernar la energía que fluye a través suyo, esa energía será calificada por esa discordia y se debe transmutar inmediatamente calificándola de nuevo con Amor. En mi experiencia, si yo encontraba un elemento discordante decía simplemente: «¡Ajá! Yo cierro mi puerta, tú te quedas afuera».

La energía Universal que fluye a través de ti tiene una naturaleza armoniosa. Cierra la puerta y piensa qué es lo que importa.

La humanidad hace resistencia a las personas, sitios, condiciones y cosas porque no se ha perfeccionado. Los estudiantes deben mantener esta armonía autogobernada dentro de ellos el tiempo suficiente para que se cree un empuje que vendría a ser el guardián permanente.

Si mantienes armonía dentro de ti, yo te digo que tú atraerás todas las cosas buenas hacia ti mismo. *El indicador que no falla es que en el momento en que exprese alguna clase de discordia, debes darte cuenta de que eres el único a culpar.* No necesitas llevarlo escrito para recordarlo.

En el momento que hay algo discordante, el indicador nos da la señal de alerta para que nos pongamos a trabajar en nosotros. Cada individuo es su propio guardián e indicador en todo momento.

Existe un solo poder en el mundo que puede corregir cualquier cosa, y ése es la Presencia *Yo soy* en cada uno. Si nos negamos a reconocer que nosotros somos los creadores de nuestras dificultades, ¿cómo entonces podremos corregirlas o liberarnos de ellas?

No hay persona, sitio, cosa o condición alguna que garantice que nunca seremos perturbados con nuestra Presencia *Yo soy* siempre presente, pulsando nuestros corazones cada momento.

Si uno corrige esos sentimientos discordantes, dejará que la Gran Presencia *Yo soy* inunde su mundo con toda la Perfección. Si el individuo no se corrige, ¿cómo podrá alcanzar la Victoria Eterna? La Presencia *Yo soy* es todo el poder del Universo para hacer esa corrección. Deja que la Presencia *Yo soy* fluya, hasta que lave todo y quedes limpio.

Cuando tu atención se fija firmemente en la Presencia *Yo soy* que eres, es como si tu cuerpo fuera una esponja muy fina, a través de la cual esta energía pura se derrama y lo limpia de toda imperfección.

Si nosotros detenemos la discordia, el «arroyo de la Presencia *Yo soy*» automáticamente limpia todas las impurezas. Por lo tanto, tú tienes un poder ilimitado en tus manos para intensificar las órdenes correctas.

Incluso desde el punto de vista científico, sabiendo que las células del cuerpo son renovadas en menos de un año, si se cortara la discordia por igual lapso, la mente y la forma expresarían juventud eterna y Perfección.

Acaso por un sentido de falso orgullo o algo semejante, la humanidad no quiere enfrentarse a la Verdad de que *la Causa está dentro de ella misma*.

El hábito de culpar a otros por lo que nos pasa a nosotros es lo que nos ciega para ver la Verdad y prevenir la autocorrección.

Una maravillosa ilustración de esto se manifiesta en la bella infancia. Hasta que el niño no es lo suficientemente grande para empezar a acumular la discordia, su cuerpo es bello y expresa la Perfección. Esta Perfección de forma se mantendría siempre, si no entrara en la conciencia del niño la discordia del mundo exterior. Hay quienes me dirían: ¿Y qué pasa con el niño que nace enfermo y perturbado? En la mayoría de los casos esa condición es traída de la encarnación precedente o, en casos raros, cuando hay una discordia muy intensa entre los padres, ésta puede ser lo suficientemente fuerte para registrarse en el niño. Pero ustedes notarán que en esa clase de casos, a medida que el niño empieza a crecer y desarrollarse, el disturbio se notará cada vez menos. Esa es la prueba absoluta de que la discordia no fue su propia creación, sino que fue impuesta en él por los padres porque su alma era lo suficientemente fuerte para elevarse por encima de ella.

En este punto en particular, uno debe comprender las condiciones asombrosas de sugestión que rodean a los individuos. Por ejemplo, tomemos el ambiente y la asociación de individuos que tienen el hábito de andar juntos. En esa asociación amistosa, cada uno es susceptible a la sugerencia del otro; si ésta es discordante, las asociaciones se romperán tarde o temprano por una gran pelea. Sin embargo, la mayoría de los individuos que se mueven en el mundo externo, no se dan cuenta de que están siendo sugestionados ya sea por asociación, ambiente o condiciones expuestas ante ellos.

La actitud correcta del estudiante que conoce la Presencia Yo soy, es la de adoptar inmediatamente la posición firme de que «Yo soy protegido invenciblemente contra toda sugestión imperfecta». Así puede construir alrededor suyo una atmósfera que ahuyentará todas las sugestiones que quieran introducirse provenientes de un elemento destructivo.

Yo pienso que es necesario llamar tu atención hacia tus viejos libros que decían: «Si la primera vez no triunfas, inténtalo, inténtalo de nuevo». No hay ninguna manera de ganar la Victoria y el Dominio sobre la limitación, excepto la de mantenerse batallando hasta que lo logras. Si dudas de tu logro, estarás posponiendo tu victoria durante ese mismo tiempo.

Aquellos estudiantes que realmente empiecen a comprender que en el reconocimiento y uso de su Presencia Yo soy tienen el poder Universal a sus órdenes, sabrán que es imposible que fallen en su aplicación. Cuanto más lo uses, más obtendrás de su Poder sostenedor.

Cada vez que sientas una manifestación del Cristo, di: «Yo te alabo y acepto la Luz de tu Presencia, la actividad del Yo soy completa». Toma esta actitud siempre, y después cierra la puerta a cualquier creación discordante e indeseable de aquello que ya ha pasado.

Siempre recuerda que tú eres el amo de lo que venga a tu mundo del pensamiento, y a menos que te des cuenta que tú eres el amo, serás susceptible a toda clase de pensamientos y sentimientos.

Para otros, sabe que «Yo soy la Presencia llevando a (fulano) al logro de (X condición)». Si ponemos atención a una condición de disturbio, le estamos dando poder a otra cosa que no es la Presencia Yo soy.

CAPÍTULO XXV

Este día, como representación del nacimiento de la Actividad de Cristo en los seres humanos, siempre nos parece bellísimo por la conciencia que transmite a la humanidad y a los estudiantes que se han dado cuenta de lo que el uso de la Presencia *Yo soy* significa para ellos al poner en movimiento el amor y la inteligencia a sus órdenes, de acuerdo con el uso que le quieran *dar* a ese poder ilimitado.

Tú te has preguntado, como muchos otros, cómo se alcanza la conciencia de Cristo. El primer paso poderoso radica en el reconocimiento de la gran Presencia *Yo soy*, Dios viviente dentro de ti. El segundo paso está en el uso de la Presencia *Yo soy*, porque cuando dices *Yo soy*, con el conocimiento de lo que esto quiere decir, habrás entrado en ese mismo momento en la Conciencia de Cristo, sin que esto signifique que inmediatamente expresarás la plenitud de la Conciencia de Cristo, porque primero deberás saber hacia dónde vas y lo que deseas hacer antes de que lo puedas realizar.

Todos los que han ascendido han seguido el mismo camino y utilizado exactamente la misma aplicación, porque todos los caminos llevan al Gran Sol Central, a la Divinidad.

Nuestro Amado Hermano Jesús llevó a cabo una de las más grandes bendiciones para la humanidad, no solamente dándonos el ejemplo de su nacimiento y alcanzando la Ascensión, sino también dejando el Registro Eterno que permanece radiante, dándose él mismo a la humanidad. Los que no han ascendido entienden poco lo que esto significa para la humanidad: un Faro Eterno que los guía hacia la Luz y, con el ejemplo de la Ascensión, Jesús estableció definitivamente no sólo lo que podía hacerse, sino lo que se hará eventualmente.

Grandes fueron las maravillas que él hizo y, sin embargo, nos hizo la promesa maravillosa de que «Cosas más grandes que éstas aún podéis realizar vosotros». Muchas veces los estudiantes se preguntan qué cosas más grandes de las que hizo Jesús pueden hacerse, pero él nos dice que solamente hizo unos pocos de los tantos servicios Universales que se les puede dar a nuestros hermanos humanos.

Para nosotros, este día siempre simboliza el comienzo consciente del más maravilloso de todos los logros, la Ascensión. En el momento que el individuo se hace consciente de esta verdad, el proceso de su propia Ascensión ha comenzado y tomará más o menos tiempo de acuerdo con la plenitud de su capacitación en esta Verdad.

Mi experiencia personal fue que, cuando me di cuenta de lo que esto significaba y empecé a utilizar la Presencia *Yo soy*, encontré, después de corto lapso, que estaba fuera del tiempo y del espacio, y que cada día que pasaba, a medida que penetraba más en esta expansión de conciencia, me di cuenta que todas las cosas que deseaba estaban dentro de mi alcance y, nótese bien, justo dentro de mi poder individual gobernante, y con esto vino la conciencia de que «El amor Divino es la poderosa fuerza cohesiva» que mantiene todas las cosas juntas y en su sitio, que este Amor Divino dentro de mí, el cual había empezado a aprender, me hacía un imán invencible que atraía todo lo que pudiera desear.

Esta simple Verdad, tan poderosa, es una de las que llegan primero al estudiante y hace que uno comprenda que verdaderamente puede salir por encima de todas las limitaciones aparentes alrededor nuestro y, después, se da cuenta de que, de hecho, una por una han desaparecido.

Después viene el Gran Empuje y la Provisión Abundante de este Poderoso Yo Interno, que contiene la sustancia de todo lo que el corazón puede desear dentro de Su Propio Abrazo, y nota bien que tu habilidad y autoridad de calificar y moldear esta sustancia es lo que hace que ésta tome la forma de lo que necesites, sea esto paz, amor, oro o iluminación.

Yo te digo, amado estudiante «Despierta a tu autoridad, derecho, habilidad consciente y a aplicar esta Gran Ley a tu perfecta salud, juventud eterna y belleza, las riquezas de Dios, la glorificación de tu mente y cuerpo, y después a ascender al Dominio Elevado, hacia tu Eterna Libertad». Después que empieces a notar, paso a paso, que lo estás logrando, irás olvidando toda esa condición externa que surge alrededor tuyo y gozarás del sentimiento glorioso de estar sujeto en el Gran Abrazo de esa poderosa Presencia-Maestro Interno, que está por encima del Tiempo y del Espacio.

Tú eres el amo y tienes dominio sobre tu Vida y sobre tu mundo, en el momento en que reconozcas que esa energía, *poder* e inteligencia que estás usando es la Poderosa Presencia *Yo soy*. ¡Qué afortunadas son esas individualizaciones sobre la Tierra cuando se da verdadera cuenta de esta Verdad!

Jesús dijo: «¡Conoced la Verdad y ella os hará libres». Esta es una de las máximas más poderosas de esa Verdad.

Aplícala, ¡oh amado mío!, con toda determinación, dejando fuera de tu mente toda incertidumbre y subirás firmemente esa escalera del logro magnífico; y cuando te des vuelta y contemples cada escalón ganado, más y más brillará ese resplandeciente esplendor y entonces te preguntarás: «¿Cómo pude haber estado tanto tiempo en las tinieblas, cuando sobre mi estaba la poderosa Llama de la Vida, lista para consumir instantáneamente toda mi creación desafortunada e ignorante?»

Yo te digo, amado mío, que no tienes que esperar indefinidamente estando en el conocimiento de esta Poderosa Presencia. Pon tus brazos alrededor de ella con toda la adoración que puedas ordenar y te elevará rápidamente fuera de todas las limitaciones aparentes, vistiéndote en ese inconsútil Ropaje de Cristal, esplendoroso, con esa Luz Radiante y sostenido con un Cinturón de Piedras Preciosas, que tienes derecho a lucir, y en tu mano ese cetro esplendoroso del Dominio, el reflector de tu poderosa alma, el cual puedes dirigir sobre cualquier cosa, sitio o cumbre, y atraer hacia ti la revelación desde su interior. Ese, amado hermano y hermana, es el cuadro del logro que nosotros hemos usado y alcanzado. Sabemos que eso es lo que puedes hacer, porque nosotros lo hemos hecho.

Nunca te canses de la conciencia de que «*Yo soy* la Presencia ascendida» y cuando tú digas esto, di: «Es la fuerza autosostenida que emana, por medio de la cual puedo alcanzar el dominio completo».

Me hace muy feliz estar de vuelta en el hogar otra vez por la alegría de tu corazón, al ver todos los peldaños de la escalera que ya has dejado atrás y porque ya tienes la conciencia consciente de que puedes alcanzar el más Grande de todos los regalos de Dios, la Plenitud de él.

Habla Cha Ara

Es con mucha alegría que yo te voy a decir también unas pocas palabras por el Rayo de Luz y Sonido, para responder en persona las muchas llamadas de los corazones de Cha Ara.

Me he reído mucho, a carcajadas, durante mis visitas a los estudiantes, que tienen tanto deseo de que me les haga visible, cuando todavía algunos de ellos, al más mínimo movimiento no usual, retienen el aliento por miedo a que yo actúe. Es jocoso observar que a pesar de que la actividad externa del yo desea tanto algo, al mismo tiempo, experimenta toda clase de sensaciones espeluznantes. Pero, amado mío, yo te digo esto: «No puedo aparecerme tan horroroso como ustedes piensan, así que por lo menos confíen en que tendré una forma o apariencia agradable y al mismo tiempo, para beneficio de las amadas hermanas, haré todo lo posible por traer conmigo un ramo de rosas».

Pregunta: ¿De Cachemira?
Respuesta: «Eso sería muy apropiado».
Pregunta: ¿Por qué no de su propia fabricación?
Respuesta: «Eres avispado. Yo no necesito comprarlas como tú, porque tengo el privilegio de elaborar las mías».

Mi palabra hacia ti es para encomendarte y presionarte a que continúes siendo esa maravillosa, gloriosa Presencia de amor y buena voluntad, no solamente para con nosotros, sino también para contigo mismo, ya que forma una maravillosa condición en donde la expansión de la conciencia avanza a saltos y brincos gigantescos.

Te recomiendo que tengas el sentimiento de certeza al aceptar nuestra Presencia y la conciencia de la habilidad para aplicar la Ley de la Presencia *Yo soy*, dentro de ti mismo, porque está aumentando con gran velocidad.

No te desanimes en tu llamado para nuestra apariencia visible. Nuestro oído funciona perfectamente bien, te lo aseguro, y hay en la llamada algo que necesitas. En la llamada para la manifestación de una cosa hay una cierta acción vibratoria que el estudiante necesita, que no puede ser explicada excepto cuando se ve desde la Acción Interna.

América

¡Oh, las Américas! ¡Preciosa joya en la corona, la diadema de la Tierra, esa flor de sabiduría antigua y Luz! Otra vez volverás al poder de tu florecimiento pleno a pesar de todas las obstrucciones aparentes y de las apariencias presentes que digan lo contrario.

«Dentro de tu alma, ¡oh poderosa América!, está el poder de liberarte de la careta que se ha adherido a ti, la careta de egoísmo y de la creación de la actividad externa de la mente de seres humanos dormidos. Así, volverás a la plenitud de la Luz que es tuya por derecho de nacimiento.»

Amado estudiante de esta radiación, no importa cuál sea la apariencia en la actividad externa, no permitas que esa apariencia se encuentre en tu conciencia o en las sugestiones de otros en lo concerniente a América.

Mantente sereno en tu Dominio dado por Dios, sabiendo la Verdad, viendo a América libre, gobernada por el Amor Divino y la Justicia.

La red de fuerza siniestra de la tierra que aparentemente ha envuelto a América encontrará todavía la «Espada de la Verdad y de la Luz» que rasgará esa red en todo sentido, haciendo de ella una Cruz de Libertad, Luz y Justicia que no tendrá fin.

La cosa de más valor que un individuo puede hacer en su vida por las cosas a las cuales no puede prestar ayuda es la de cerrar sus ojos a la apariencia de éstas, reconocer y poner en acción el enorme poder de la Presencia *Yo soy*.

¿No ves, amado estudiante, que es muy tonto seguir aceptando la apariencia, a través de la sugestión o de otra manera, de que tú no quieres nada, sea en lo nacional, estatal o personal que no tenga la apariencia de perfección, sabiendo que tienes el extraordinario privilegio de poner en actividad la Poderosa Presencia *Yo soy* para corregirla?

El hábito de la humanidad ha sido siempre ver la imperfección donde nosotros vemos perfección. Ahora en el reconocimiento de la Poderosa Presencia *Yo soy* acepta plenamente su perfección cada hora del día. Esto no quiere decir que trabajes en esto sin interrupción, pero puedes, durante el estado de vigilia, por lo menos una vez cada hora, afirmar: «Yo acepto la actividad plena de mi Poderosa Presencia *Yo soy*».

Cada vez que afirmes esto, estarás aumentándola poderosamente en la actividad exterior, porque ya la usas y entonces ¿por qué no reconocer todo el tiempo quién y qué es lo que estás usando, dándole así el dominio que ella desea manifestarte?

De esta manera podrás poner en movimiento este poder invencible para la libertad, protección y bendición de las Américas. Todavía no puedes ni soñar la poderosa potencia y el poder de ajuste que ésta puede causar cuando es puesta conscientemente en movimiento por una o más personas que reconocen su invencible poder universal.

Ahora déjame sugerirte que, en vez de escuchar las lamentaciones constantes de toda clase de actividades destructivas, entiende que la Presencia *Yo soy* consume y recalifica toda esta energía con libertad, protección y perfección para las Américas y el mundo entero.

Como estímulo deseo decirte que todos esos seres hermanos que empezaron la causa de esta condición presente, no podían entrever que todo esto iba a salirse fuera de su control y, a través de esto, muchos de ellos han perdido la habilidad externa de seguirlas alimentando. Así que, aquellos que están tratando de atraer la prosperidad otra vez por el uso ilimitado de certeza, encontrarán que las cosas se saldrán fuera de su control y, en vez de una prosperidad temporal, las cosas pasarán rápidamente a la prosperidad verdadera.

Ahora, como en todo tiempo de caos aparente, la paz vendrá a la Tierra, la buena voluntad al hombre y la Luz del Cristo —que se expande en los corazones de los individuos, que penetra en la Tierra—, atraerá a sí mismo lo propio.

Para tu beneficio, amado estudiante, yo te pido que no discutas las cosas discordantes más de lo que es necesario para comprender una situación. Después dales la espalda completamente y nunca permitas que atraigan tu atención otra vez, porque yo te aseguro que con lo que juegas en tu conciencia, encontrará expresión en tu vida y mundo. Así que llénala con la gran Presencia *Yo soy* el que contiene la poderosa realización de cada uno de tus deseos.

Contempla esa perfección, la perfección plena de su Actividad, por doquier en tu vida y mundo. No te dejes afectar o perturbar por la creación de otros que tú no puedes ayudar de ninguna manera, excepto viendo la perfección, sabiendo que detrás de toda sombra aparente está la esplendorosa Luz Blanca de la Presencia *Yo soy*.

Esto, amado mío, es el saludo que te dejo para esta estación del año. Para cerrar, mi mamá y otros de la Tropa Ascendida, algunos que tú no conoces pero que te conocen a ti, te mandan sus saludos de amor, paz, opulencia y fuerza, a fin de bendecirte en el camino de la Victoria Final.

Deseo decirte unas cuantas palabras a modo de conclusión, y es que les exijas a los estudiantes que reconozcan que, cuando ellos dicen *Yo soy*, para realizar cualquier cosa que deseen, no están solamente poniendo en movimiento la gran Presencia *Yo soy* en acción para cumplir este mandato, sino que tienen que sentir profundamente que ella contiene dentro de sí el poder autosostenido, autoemanado y autoexpandido.

Repetir es bueno y, muchas veces, es necesario para producir una convicción más profunda en el presente avance de los estudiantes, pues ellos deben hacerse más conscientes del poder innato, inherente, autosostenido de ésta. Esto daría a la conciencia externa una comprensión más amplia del poder sostenido para que así, aunque la actividad exterior esté ocupada en otros quehaceres, mande la descarga hacia cualquier realización una vez cada hora sin interferir en nada con el trabajo del estudiante.

Es un error muy grande que el estudiante deje registrar en su mente la idea absurda de que no tiene tiempo para esas cosas, cuando solamente toma un momento realizar completamente la potente e invencible Actividad de su Presencia *Yo soy* para cualquier cosa en la cual su atención necesite ser usada.

Empero, esta afirmación puede ser de gran ayuda: «*Yo soy* la poderosa Presencia ordenando el tiempo, todo el tiempo que yo necesite para la realización y aplicación de esta poderosa Verdad».

También si muchas veces durante el día uno toma la conciencia por algunos momentos de que «*Yo soy* la única inteligencia y Presencia actuando», esto ajustará las cosas de una manera natural de acuerdo con la necesidad. Es muy fácil poner la conciencia en movimiento, sabiendo que uno no está restringido por ningún sentido de limitación.

Templos De Luz

Están emplazados en el Cinturón Etérico, encima de la Atmósfera de la Tierra. La radiación emana desde este Cinturón hasta la Tierra a través de su atmósfera. El Cinturón Etérico alrededor de la Tierra es muy diferente al que está alrededor de Venus. Venus está dentro del Cinturón Etérico, mientras que la Tierra está más abajo de él.

Advertencia. No le des reconocimiento a nadie que sea una herramienta para la fuerza siniestra. Simplemente piensa que «Solamente existe la Presencia *Yo soy*, inteligencia, Luz y poder actuando». A ti no te concierne ninguna actividad personal de ninguna especie en ningún momento.

La actividad del estudiante es ver la perfección, sentirla y serla, no importa cuál sea la apariencia humana.

CAPÍTULO XXVI

Cada estudiante debe acordarse con toda seguridad que en este poder vivificante de la Presencia Yo soy dentro del Ser, todo lo bueno o malo es activado si hay, latentes en la conciencia, rebeliones, resentimientos o la inclinación a juzgar. Quiere decir que todo esto saldrá a la superficie para ser consumido, y yo te digo sin vacilación alguna que, a menos que consumas conscientemente aquello que surge a la superficie, eso te consumirá a ti.

Si uno nota que se está dejando llevar por la ira, debe tomar las riendas, decretar el mandato a través de la Presencia Yo soy, declarando que aquello sea gobernado armoniosamente. Ahora, déjame recordarte otra vez que lo primordial en tu progreso es la autocorrección y que no hay persona, lugar, condición o cosa a la que se pueda culpar por lo que uno mismo se empeñe en alimentar. Esto es imperativo para tu progreso futuro; si has llegado a un punto donde semejantes condiciones sutiles se producen, hay que ponerlas muy en claro, que se comprendan muy bien, porque si no te enfrentarás a condiciones que no podrás controlar. Te repito que debes estar muy animado por los adelantos que has hecho en tu propio control y completa aceptación de estas grandes leyes de la vida, además de tu completa voluntad de aplicar el gran látigo de la autocorrección, porque yo te digo francamente y te hablo con experiencia, que la actividad exterior que llamamos humana tiene que ser castigada sin vacilación antes que sea traída a la sumisión del mandato Divino. Si yo te di el uso del Rayo o la Llama a través de la mano, es porque las mentes de algunos se están entonando o afinando más rápidamente de lo que está siendo elevada la estructura atómica del cuerpo. Esta actividad de pasar la mano por encima del cuerpo, mantendrá el balance de la vivificación de la mente y la elevación de la estructura atómica.

Me agrada mucho brindar toda la asistencia a los estudiantes y lo hago con la mejor voluntad, pero hay ciertos límites que no puedo sobrepasar, porque los estudiantes tienen que avanzar por sí mismos en su conciencia; sin embargo, debo alertarlos, porque no pueden ofrecerle a la Presencia Yo soy una atención dividida (parece que el Maestro se refiere a aquellos que entrando ya a practicar la Presencia Yo soy y el Cristo, Dios en ustedes, también suelen ir a consultar espiritismo y brujería), lo cual equivale a mandar un chorro de energía para darle poder a estas cosas que son negativas y simplemente se está retardando el adelanto.

Hablo por experiencia. No es posible dividir la atención compartiéndola entre la Presencia Yo soy y las cosas exteriores, si es que se desea superar más allá de lo común.

No quiero causarle ningún choque a ningún estudiante, pero debo decirles la verdad: si los amados estudiantes, que han llegado hasta este punto, no son capaces de dedicar toda su atención a la Presencia Yo soy, excluyendo toda otra forma de oración o tratamiento, se estarán cerrando la puerta de nuestra ayuda por mucho tiempo. Esto no pasará si los estudiantes, siguiendo las instrucciones, hacen un esfuerzo sincero cada vez que la atención se les va y la regresan con firmeza diciendo: «Le doy todo el poder a mi Presencia Yo soy, que soy, y me niego para siempre a aceptar toda otra cosa».

Deseo preparar a los estudiantes, porque vendrá un momento en que no tendrán el sostén de nuestros mensajeros, sino que tendrán que apoyarse en su propia habilidad de agarrarse con mano tan firme a su Presencia Yo soy que siempre recibirán su gran poder sostenedor.

Es un error, e inútil además, que algún estudiante, después de recibir meses de instrucción, se permita cada día o cada tantos días dejarse caer en depresión y en dudas del poder interior o de su habilidad para aplicarlo. Si esta actitud mental infantil no es corregida, cerrará la puerta a la Verdad con el tiempo.

Cada estudiante debe tomar una posición positiva; en el

momento en que una discordia de cualquier clase pretenda entrar en su mente, debe asegurarse su dominio declarando: «Yo soy la poderosa Presencia que gobierna mi vida y mi mundo, Yo soy la paz, la armonía y el valor autosostenido que me llevan serenamente a través de todo lo que pueda confrontarme».

Sin embargo, es tan importante que los estudiantes tengan el beneficio de los manuscritos, que debemos interrumpir la instrucción hasta que éstos sean terminados, pues la habilidad de los estudiantes para captar lo que dicen los manuscritos hará que el gran Juez determine lo próximo a dársele. No podemos, bajo ninguna circunstancia, llevar al estudiante más allá del punto en que él se siente bien fortificado.

Debo decir, para la protección de los estudiantes, que si se les manifiestan ciertos fenómenos, permanezcan en calma, ecuánimes y sin impresionarse, siguiendo serenamente y no permitiendo que éstos le fijen la atención, porque en un número tan grande de ellos, no faltarán quienes hayan generado energías de estados de conciencia pasados que puedan producirle esos fenómenos y, en ese caso, deben declarar firmemente: «Yo soy la Presencia que gobierna esto y lo utiliza para su más alta expresión y uso».

Yo te aseguro que no necesitas desear que se produzcan manifestaciones sobrenaturales, porque el progreso natural de tu Ser producirá abundantes manifestaciones cuando te llegue su momento; pero advierto que no me refiero a las apariciones de los Maestros Ascendidos, porque eso es algo enteramente distinto y no debe interpretarse como fenómeno. Ahora conviene que se haga esta afirmación: «Gran Presencia Yo soy, llévame dentro de ti, instrúyeme y haz que yo retenga la memoria completa de estas instrucciones interiores».

Como Mensajeros de la Luz, el entrenamiento que representa esta afirmación es esencial, pero no debe causar ni ansiedad, ni tensión en el deseo de retener esa instrucción en la memoria, porque semejante actitud podría cerrar la memoria exterior.

Yo no puedo menos que sonreír al ver que algunos estudiantes están a punto de experimentar cosas sorprendentes, pero confío en que siempre se mantendrán serenos sabiendo que «*Yo soy* la única, eterna y autosostenida vida en Acción» y que se quiten para siempre de la conciencia, que existe en todo el Universo la llamada muerte. La actividad exterior de la mente y el mundo es un *Maya* que pasa y se mueve como las arenas del desierto, y no deben causarle a nadie ningún temor porque «*Yo soy* la vida eterna que no tiene comienzo ni tiene fin».

Del corazón del Gran Silencio brota la corriente de vida incesante de la cual cada uno es una parte individualizada: esa vida eres tú, eterna, perfecta, autosostenida y los trajes con que se vista importan poco hasta el día en que llegue el punto del reconocimiento; en este momento el individuo se ha preparado para llevar el «manto sin costuras», autosostenido y radiante, con todos los colores del espectro.

Entonces puede uno regocijarse con ese manto que es eterno, siempre radiante, inmutable, que lo separa de la rueda de causa y efecto, haciendo de él un ser únicamente de causa. Esa causa es la radiación del Amor Divino siempre emanando y evolucionando de su consciente, equilibrado, estabilizado y radiante centro divino, o sea, el corazón de la Presencia *Yo soy*, que es juventud y belleza eterna, la toda sapiente Presencia que contiene, en su autoconsciente acción, el pasado, presente y futuro, que después de todo no son sino el *eterno ahora*. Así, tal es la eterna eliminación de todo tiempo y espacio. Entonces encontrarás tu mundo poblado de seres perfectos, tus edificios decorados con joyas selectas y tú de pie en el centro de tu creación («la joya en el corazón del loto») siendo sus pétalos las grandes avenidas de su actividad perfecta.

Tal es el humilde cuadro de aquello que tienes por delante, llamándote a que entres en tu perfecto y eterno hogar y radiación. Ves, yo siento esa radiación gloriosa, y si logras centrarte en la Presencia del Amor Divino y mantenerte allí firmemente, ¡qué maravillosas experiencias te vendrán si pudieras tan sólo dejar afuera la interferencia de la actividad exterior mental! En cuanto uno tome la actitud de «*Yo soy* la Presencia del Amor Divino en todo momento» hará esas cosas maravillosas. El uso de esta afirmación, si se siente, cierra en todos los momentos la puerta a las actitudes exteriores de la mente. La solución de cada problema está siempre a la mano porque la Presencia *Yo soy* siempre contiene todas las cosas dentro de ella.

Una demanda es impulsar a la petición para que se manifieste. *Yo soy* es el principio activo inteligente dentro de nosotros, el corazón de nuestros seres, el corazón del planeta y el corazón del sistema. No puedo reprimirme de recordarte de nuevo, porque ellos deben siempre saberlo, que cada vez que dices *Yo soy*, estás liberando una materia prima autosostenida, todopoderosa, única e inteligente energía. Persiste y entrarás en una condición suprema y maravillosa.

Cuando tú miras al Sol físico, en realidad estás mirando al gran Sol Central, al propio corazón de la Presencia *Yo soy*. Debes tomar la determinación incondicional de que «La Presencia *Yo soy* gobierna completamente este cuerpo físico y lo obliga a la obediencia». Cuanta más atención le des a tu cuerpo físico, más se hace dueño, más te pedirá y continuará ordenándote.

Cuando el cuerpo físico está crónicamente enfermo o continuamente manifestando disturbios, comprueba que se le ha dado atención especial por un largo periodo de años a una u otra perturbación y nunca mejorará hasta que no se tome la actitud positiva y se le obligue a la obediencia. Tú puedes positivamente producir lo que quieras de tu cuerpo si fijas tu atención en la perfección de él, pero no permitas que tu atención descanse sobre sus imperfecciones.

Para la Ascensión: «*Yo soy* la Presencia que ordena». Usa esto a menudo porque aquieta la actividad exterior de modo que te centras en la actividad del amor.

En el instante en que tú sientas algo discordante, voltea para otro lado; tienes el cetro de Poder en tu conciencia; *ahora* ¡úsalo!

Tú tienes que seguir la orden de Jesús, no mires a ningún hombre de acuerdo con su carne. Esto quiere decir exactamente que no reconozcas imperfección humana en pensamiento, sentimiento, palabra o actuación.

Algo muy poderoso para los problemas es la simple conciencia de «Dios en mí. Presencia *Yo soy*, manifiéstate, gobierna y resuelve esta situación armoniosamente». Obrará milagros, pues el todo es invocar instantáneamente la Presencia *Yo soy* y ponerla a trabajar.

Jesús dijo: «Pide y recibirás; busca y encontrarás; toca y te será abierto». Dile, pues, a tu Ser Divino «¡Óyeme, Dios! Ven acá y cuídame esto». Dios quiere que tú lo pongas a trabajar. Esto abre el flujo a la energía Divina, la inteligencia y la sustancia que salta a cumplir la orden.

CAPÍTULO XXVII

Jesús en la víspera de Navidad

Te traigo Amor y Saludos de los muchos que integran la Tropa Ascendida, de algunos a los que conoces, y de otros a los que ya conocerás. «*Yo soy* la Luz, el Camino y la Verdad» es la campana de Navidad que todavía suena por el campo de la Actividad Cósmica. En la comprensión que te ha sido traída y en el significado y poder de las palabras *Yo soy* encontrarás un Círculo Encantador en el cual te podrás mover sin que ninguna operación humana discordante te pueda tocar. No se trata solamente de conocer la Presencia, sino de ponerla en práctica hasta en la más simple actividad; pues cuando tratas con una experiencia que no te es familiar, muchas veces te sientes tímido e inseguro, pero cuando aprendes a usar el *Yo soy* para resolver tu deseo o problema, encontrarás que tu seguridad crecerá y así la aplicarás con confianza absoluta.

Debes comprender siempre que es en el Gran Silencio o quietud de lo externo, que el Poder Interno fluye en su creciente logro, y pronto te darás cuenta que hasta cuando pienses en el poderoso principio *Yo soy*, sentirás un aumento de fuerza, vitalidad y sabiduría que te permitirá avanzar con un sentimiento de Maestría que algún día, de seguro, te abrirá las puertas a través de las limitaciones de la creación humana, hacia la inmensidad de la verdadera libertad.

Vemos muy a menudo en tu corazón el anhelo por una prueba, una manifestación sorprendente que te daría fuerza para seguir adelante en el camino. Yo te aseguro, bendito hijo de la Luz, que cualquier prueba dada fuera de tu ser es temporal, pero cualquier paso aprobado, en y a través de tu propia aplicación consciente, es un logro eterno, y mientras continúes ganando la

Maestría a través de tu aplicación autoconsciente no solamente estás logrando las cosas que tienes en las manos, si no que estás elevando tu conciencia también, hasta que en breve te darás cuenta que todas las barreras han caído.

Es de esta manera que la puerta de la limitación será sellada eternamente, y así como mi forma externa fue clavada a la cruz, asimismo tú, con tu conciencia ascendente, clavas y sellas la puerta de las limitaciones autocreadas, sientes y conoces tu dominio.

Si estás vitalmente deseoso de hacer la Ascensión, yo te pido que uses la siguiente afirmación a menudo: «*Yo soy* la Ascensión en la Luz». Esto permitirá que tu conciencia salga de la *Maya* de la creación humana más rápidamente.

Es de mucha importancia que a medida que vivas dentro y aceptes plenamente el poder trascendente de la Presencia *Yo soy*, encontrarás que no solamente la lucha externa cesa sino que, como has entrado más profundamente en la Luz, las cosas externas que siempre has buscado ansiosamente comenzarás a buscarlas auténtica y realmente, porque entonces te darás plena y verdaderamente cuenta de la irrealidad de la forma y su actividad transitoria. Es cuando sabrás que, dentro de ti y en la Luz a tu alrededor, está todo lo que posiblemente puedas desear, y lo externo, que ha parecido tan importante, habrá perdido su poder limitador sobre ti. Después, en las cosas externas que te vendrán, la alegre Libertad se manifestará. Esta es la verdadera actividad de las cosas externas.

A medida que te hagas más consciente de los poderes trascendentes que tienes a tus órdenes, sabrás que puedes atraer cualquier cosa que necesites sin dañar o afectar a otro hijo de Dios.

Esta verdad tiene que ser establecida en la conciencia, porque las almas conscientes deben saber esto firmemente, para que no se encuentren pensando a intervalos si es justo que ellas tengan éxito, cuando alrededor suyo hay quienes no lo tienen; yo te aseguro que tu máximo servicio es el obtener la Maestría y la Libertad para ti mismo. Entonces estarás preparado para dispensar la Luz sin ser afectado por la creación humana en la cual debes moverte. No te sientas nunca triste o afligido si otro Hijo de Dios no está listo para aceptar la Luz, porque si no encuentra la Luz por su propia elección, es solamente un escalón temporal.

Cuando se comienza a ganar la libertad consciente del cuerpo, se comprende lo temporales que estas cosas son y la poca importancia que tienen; pero cuando se entra en la Conciencia Universal o Gran Actividad Cósmica, uno encuentra que entrar a la Luz es de vital importancia. Entonces conocerá la alegría de la Presencia Interna y su actividad invencible por la cual su corazón se inundará de alegría.

Poco tiempo antes de darme cuenta de toda mi Misión, la afirmación siguiente estaba vivamente ante mí: «*Yo soy* la Presencia que nunca falla o comete un error». Supe después que éste fue el poder sostenedor que me capacitó para *ser* la Resurrección y la Vida.

Desafortunadamente, algunas de las afirmaciones bíblicas han sido veladas por el concepto humano; de todas maneras estoy muy agradecido porque muchas han permanecido inalteradas. Otra afirmación que usé constantemente por más de tres años fue: «*Yo soy* siempre el majestuoso poder del Amor Puro que trasciende todo concepto humano y me abre la puerta a la Luz dentro de su Corazón». Supe después que esto intensificó grandemente mi Verdadera Visión Interna.

En respuesta al deseo ansioso dentro de tu corazón, quiero decirte que durante los años de los cuales la Biblia parece no tener idea de mi actividad, yo iba de sitio en sitio buscando la explicación de la Luz y la Presencia que yo sentía dentro de mí, y te aseguro, amado estudiante, que no fue con la facilidad y la velocidad con la cual tú puedes buscarla hoy. En aquellos tiempos, todos los que estudiábamos la Verdad estábamos muy contentos de recibir la sabiduría de las experiencias no escritas pues, por la naturaleza poco usual de éstas, se pensaba que no era armonioso ponerlas ante la multitud.

Así ha sido a través de los tiempos, cuando el periodo de experiencias trascendentes ha comenzado a esfumarse en el ayer y aquellos que las siguieron se han apartado de las bellas y maravillosas flores de la humanidad, pues no estaban lo suficientemente avanzados para darse cuenta de esta Verdad.

Sin embargo, hoy el Poder Cósmico de Cristo —que se volvió tan real para mí— ha venido para ayudar a la humanidad. Éste, a través de su impulso natural de expresión, está encontrando su camino prudente y, seguramente, en los corazones y mentes de un porcentaje de la humanidad, hasta el punto de que hay gran esperanza presente de que esta actividad capacitará a los estudiantes para que el velo de la creación humana sea alzado; así, muchos humanos verán indicaciones y maravillas que sentirán dentro de sus corazones. Entonces no habrá duda o miedo que los aparte de la Verdad.

Yo pasé algún tiempo en Arabia, Persia y el Tíbet, y cerré mi peregrinaje en la India, donde conocí a mi amado Maestro, quien ya había hecho la Ascensión, aunque yo no lo sabía entonces. A través del poder de su Radiación, revelación tras revelación vinieron a mí, por medio de las cuales me daban decretos y afirmaciones que me ayudaron a contener invariablemente la actividad externa de mi mente, hasta que no tuvo el poder de molestarme o retardar mi avance.

Fue cuando me revelaron toda la gloria de mi misión y el récord Cósmico Eterno que habría de dejar, el cual debía ser instituido en ese tiempo para bendición e iluminación de la humanidad que habría de venir.

Quizá están interesados en saber que éste se convirtió en un registro Cósmico Activo muy diferente a todos los registros hechos, pues contiene dentro de sí, y lo tiene actualmente, el deseo o impulso emprendedor que hace de la mente humana un imán.

Esto explica por qué los decretos y afirmaciones que yo dije se vuelven más vívidos a través de los siglos y, con el impulso emprendedor de esta actividad asistido por la Radiación de otros Rayos poderosos enfocados sobre la Tierra, ayudarán de tal manera a una gran parte de la humanidad a que se ancle en la Verdad y su aplicación consciente, que se alcanzará un logro trascendente.

Ningún paso tiene tanta importancia vital como es el poner ante la humanidad la sabiduría del Yo soy —el origen de la Vida y su poder trascendente— que puede ser traído al uso consciente del individuo. Será asombroso ver cómo esta simple, pero todopoderosa Verdad, se extenderá rápidamente entre los seres humanos; porque todos los que piensen en ella, practiquen su Presencia y dirijan conscientemente su energía a través del poder del Amor Divino encontrarán un nuevo mundo de paz, amor, salud y prosperidad abierto ante ellos.

Aquellos que comprendan la aplicación del conocimiento de Yo soy no serán acosados nunca jamás por la disonancia o perturbaciones de sus hogares, mundos o actividades, porque es solamente por falta de reconocimiento y aceptación de todo poder de esta poderosa Presencia, que el ser humano permite que los conceptos y creaciones humanas los perturben.

El estudiante debe mirar constantemente dentro del yo humano y ver qué hábitos o creaciones que necesitan ser arrancados y arrojados se alojan allí, porque solamente negándose a permitir que existan hábitos tales como juzgar, condenar o criticar, puede él liberarse. La verdadera actividad del estudiante es la de perfeccionar su propio mundo, y no lo podrá hacer mientras vea imperfección en el mundo de otro hijo de Dios.

Se te han dado maravillosas afirmaciones para gobernar armoniosamente la vida y el mundo. Aplícalas con determinación y tendrás éxito.

Otra aclaración que deseas que yo haga es la siguiente: yo no dije en la Cruz: «Padre, ¿por qué me has abandonado?». Lo que dije fue: «¡Padre, cómo me has glorificado!», y yo recibí en la Gloria al hermano que estaba a mi diestra en la cruz.

Hay muchos de estos amados estudiantes a quienes yo conocí personalmente en el tiempo de la crucifixión y al dar este mensaje yo siento como si estuviera hablando a viejos amigos, porque en esa gran Presencia Ascendida, los siglos son un incidente nada más y solamente nos damos cuenta del tiempo cuando entramos en contacto con eventos humanos.

Amado estudiante que buscas la Luz tan ansiosamente, trata

de sentirte en mi amoroso abrazo, trata de sentirte vestido en esa Luz tan deslumbrante como el sol de mediodía. Ancla dentro de tu conciencia el sentimiento de tu habilidad para hacer la Ascensión, para que cada día te acerques más y más a la plenitud de esa realización. Corta las ataduras de las cosas de la tierra que te tengan amarrado. Debes saber que en el amor, la sabiduría y el poder que aceptas de tu poderosa Presencia *Yo soy*, está el poder que hace este servicio trascendente.

Recuerda siempre que: «Dios en ti es tu Victoria segura: la Presencia *Yo soy* que late en tu corazón es la Luz de Dios que nunca falla, y por la aceptación de esta Presencia, tu poder para liberar su energía y dirigirla es ilimitado».

Es para mí una gran alegría y un privilegio el continuar en asociación con mi amado Hermano Saint Germain en el trabajo de mandar, a través de mi radiación consciente, una ayuda definida a los estudiantes que pueden aceptar la instrucción de Saint Germain. Esto continuará durante todo el año 1934. No me entiendas mal, *Yo soy* irradiará a toda la humanidad, pero en esta radiación tengo el privilegio de dar un servicio especial a los estudiantes.

En mi amor yo te envuelvo. Con mi Luz yo te he visto. Con mi energía yo te sostengo para que puedas seguir adelante impávido en tu búsqueda de la felicidad y la perfección de ti mismo y de tu mundo.

Yo confío que esto te traerá una radiación que podrás sentir a voluntad a lo largo del año y que tu éxito te traiga alegría sin límites.

«*Yo soy* la Presencia iluminadora y reveladora manifestada con todo poder».

Jesús, El Cristo

Saint Germain:
Deseo transmitir mi amor que envuelve como un regalo a cada uno de mis amados estudiantes, porque el amor es lo más grande que se puede dar.

CAPÍTULO XXVIII

Aquellos Maestros de Venus que visitaron el Tetón Real y que lo visitarán otra vez este Año Nuevo, comenzarán una actividad definida para consumir una tentativa sutil de generar y traer otra guerra a la actividad externa. Shamballa está soltando los Poderes que por muchos años han sido atraídos dentro de su circuito.

La Ciudad Dorada, cuyos Rayos son enviados en todas direcciones, está prestando a la humanidad un servicio que solamente ella puede hacer.

Si la humanidad pudiese saber y comprender estas actividades por lo que son, se producirían cambios tan maravillosos en el mundo externo, que ni siquiera los avanzados podrían concebir.

En el Día de Año Nuevo, la Rueda Cósmica del progreso habrá llegado a un punto, con respecto a la actividad personal, que dejará a un lado mucho del libre albedrío de los hombres, lo que traerá una alegría y una esperanza indescriptibles a la conciencia de aquellos que sirven desde estas esferas trascendentes de actividad.

¡Oh, estudiante de la Luz! Comprende que esta asistencia magnífica es tuya y que la tendrás si aquietas lo externo y te abres hacia ella. Yo te suplico, amado estudiante, que cierres tu mente a la ignorancia y a las sugerencias disonantes de los seres humanos en todas partes. Yo te digo: «la Libertad, en todo sentido, yace ante tu puerta solamente si mantienes tu personalidad armonizada y te niegas a aceptar las sugerencias disonantes y siniestras de la atmósfera y de aquellos con quienes tienes contacto en la forma mortal.

Es imperativo que hagas esto si deseas traer a tu mundo la alegría, belleza, opulencia y perfección de toda clase. No es nuestro deseo inmiscuirnos en tu libre albedrío, pero la alegría inunda nuestros corazones cuando vemos a los estudiantes agarrándose fuertemente, comprendiendo y aplicando estas Leyes Trascendentes que nosotros sabemos que significan la Victoria Segura; y déjame reiterar lo que he dicho anteriormente: «no hay cosa más viciosa en la actividad humana como la personalidad o la sugestión que trata de alejar al estudiante de la Verdad y de la Luz que será su Libertad».

Con respecto a esta Poderosa Actividad Cósmica, debes trabajar con gran determinación, consumiendo toda creación con gran determinación, consumiendo toda creación disonante pasada y presente. Cada vez que tu pensamiento y deseo se manifieste de esta manera, grandes corrientes de energía vendrán a tu asistencia para sostenerte y ayudarte. Esto es parte de la asombrosa asistencia presente que es dada a la Tierra. El Observador Silencioso ha esperado doscientos mil años para que la Rueda Cósmica llegue a este punto, el Año Nuevo que entra.

De nuevo te aseguro que nunca, en la historia de la humanidad, tan trascendente actividad ha estado lista para correr a tu ayuda. ¡Oh, amado estudiante! ¿No vale esto todo tu esfuerzo determinado para actuar de acuerdo con esta gran bendición, que hace tu lucha por la Libertad de las autocreaciones humanas más felices? Amado estudiante, mi corazón se regocija profundamente al ver dentro de ti un deseo intenso por la Luz y un esfuerzo determinado para aplicar estas Leyes infalibles, que de seguro te darán la Libertad en la medida que la apliques.

Te agradezco ese alegre deseo de distribución ilimitada de libros. Hay en este deseo, amado mío, un servicio de gran bendición que tú puedes comprender muy poco.

Me siento bendecido grandemente este día de devoción al Cristo, al sentir el Amor que me mandas, y yo te aseguro, bendito, que regresaré a ti dirigiendo todo ese poder Amoroso para asistirte, iluminarte y bendecirte.

En ese servicio especial que Jesús ha decidido hacer, tú estás bendito, claro está. Trata de sentir esta Verdad maravillosa con el sentimiento más profundo e intenso que puedas ordenar.

Abre tus brazos, corazón y mente a la Gloria de esta Radiación y, a medida que hagas esto de una manera más plena y completa, verás qué rápido desaparecerán todas las condiciones perturbadoras y limitadoras a tu alrededor.

Yo te suplico, amado estudiante, que no continúes limitándote por conceptos humanos. Decreta y siente tu asombrosa habilidad para usar estas Leyes y dirigir esa poderosa energía para tu Libertad y Perfección. Procura comprender que tu forma humana no es una creación densa, difícil de manipular. Trata de sentir que es una sustancia transparente que sigue tu más mínima indicación. Habla con tu cuerpo. Ordénale que sea fuerte, receptivo solamente a la Conciencia Maestra Ascendida, que sea la perfecta manifestación del Poder Divino del poderoso Yo soy y que tenga su belleza de forma y expresión.

Revisa, en tu experiencia, la poderosa determinación que has tenido algunas veces para alcanzar el éxito en la actividad externa de las cosas, y después date cuenta que tu determinación puede generar mucho más poderosamente para alcanzar tu Libertad Eterna.

Créeme, amado, cuando yo te digo: «Tu creación humana es lo único que está entre ti y tu Libertad de toda limitación. Esa creación no será un obstáculo mayor que lo que tú aceptes que sea. Si le quitas a esa creación el poder de limitarte, a cualquier hora o cualquier día, podrás entrar jubilosamente a través del velo en el mundo de la *Presencia Electrónica*, tan bella, tan alegre, tan llena con la deslumbrante Luz de su Gloriosa Presencia y moverte allí, para siempre, en la Luz de la Gloria Eterna. Después, cuando vuelvas atrás a través de ese velo humano para servir en la actividad exterior, continuarás sintiendo la Gloria de ese ser trascendente que eres. Entonces, la maldad de tu propia condición externa o de los que están a tu alrededor no te tocará o afectará en absoluto».

Todo mi ser vibra en jubilosa anticipación por ti, porque yo sé, con certeza definida, de tu éxito. A aquellos que dejan que las sugestiones de la ignorancia de otros seres humanos los desvíen del camino, yo deseo decirles: «recuerden solamente lo que les espera, lo que está dentro de vuestra capacidad para lograr y ser».

Recuerda una y otra vez que, a medida que la aceptación de tu poderosa Presencia *Yo soy* crezca más en intensidad, los problemas externos que han parecido tan terribles, de seguro se desvanecerán de la apariencia.

Así, no solamente se resolverá tu problema, sino que cada paso ganado de esta manera será firme y alcanzarás la Libertad Eterna. Si es por libertad financiera que imploras, yo suplico contigo para que alejes tu preocupación por la actividad externa de tu mente la apariencia y la pongas en tu poderosa Presencia *Yo soy*, el único dador de toda la poderosa Opulencia que hay. Mantente firme y determinado en esto y obtendrás todo el dinero que desees usar.

La Vida no te limita, la opulencia no te limita, el amor no te limita; por lo tanto: ¿por qué dejar que los conceptos humanos limitadores te sigan atando?

¡Amado Hijo de la Luz! Despiértate en la *poderosa Gloria de tu verdadero Ser*; camina hacia adelante como *una poderosa Presencia Conquistadora*; sé «*la Luz de Dios que nunca falla*»; muévete, vestido, en *la luz de la Gloria trascendente de tu Yo-Dios y sé libre*.

CAPÍTULO XXIX

Plática de Saint Germain en el
día de Acción de Gracias

Amados estudiantes de la Luz:
Hoy es uno de los días más grandes de Acción de Gracias que he tenido en cien años. Ver cómo la Luz, el reconocimiento y la aceptación de la Presencia Yo soy está siendo recibida y utilizada por tantos estudiantes, es realmente un motivo de alegría y de Acción de Gracias.

No solamente soy yo el que les manda mi amor y bendiciones, sino también toda la Tropa de Maestros Ascendidos, los grandes Maestros Cósmicos, la Gran Hermandad Blanca, la Legión de Luz y aquellos Ayudantes de Venus, se juntan en alabanza y gracias por la Verdadera Luz que está siendo expandida en la humanidad.

Yo apreciaría profundamente toda la asistencia que los estudiantes, bajo esta radiación, puedan dar para que mis libros se editen y sean puestos ante la humanidad, porque este es el más grande servicio que se puede dar en el presente.

La mayor necesidad de hoy en día es llamar la atención externa de la humanidad hacia la «Gran Fuente Única» que puede dar la asistencia que se necesita: ésta es la Gran Presencia Yo soy y la Tropa de los Maestros Ascendidos. La atención fija de los hombres en esta Gran Fuente, provee la apertura necesaria para la manifestación de la Gran Luz Cósmica Eterna, para que fluya al mundo externo alcanzando no solamente la conciencia de los individuos, sino también las condiciones que necesitan mucho de un reajuste.

Es mi deseo que todos los estudiantes, bajo esta radiación, sientan la responsabilidad individual al respecto para mantener sus mentes y sus cuerpos armonizados, y seguir cargando sus mentes y mundos emocionales con la sabiduría y la perfección de la poderosa Presencia Yo soy. Esto facilitará el trabajo de dar asistencia a la humanidad, pues de otra forma lo externo, por su condición limitada, no lo podría concebir.

Yo deseo que cada estudiante comprenda y sienta profundamente que los Grandes Maestros Ascendidos y yo estamos listos para dar tanta asistencia a los humanos como la Ley de su ser lo permita. Los estudiantes deben permanecer siempre firmes y no dar poder a otra cosa que no sea la Presencia, hasta que la creación humana externa alrededor de ellos sea disuelta y consumida para que entonces la intensa Luz, sabiduría y poder de la poderosa Presencia Yo soy, fluya en sus mentes, seres y mundos con este glorioso esplendor, llenándolos a ellos y a sus mundos con esa armonía, felicidad y perfección que todo corazón tanto desea.

Yo los invito a todos para que hagan un trabajo definido, consciente, de protección para las Américas, para que la Luz Cósmica y la Perfección Eterna envuelvan a la Tierra, limpiando y consumiendo toda discordia y continúe «bendiciendo a personas, sitios, condiciones y cosas porque es la actividad poderosamente milagrosa trabajando, que nos revelará la prosperidad y felicidad que todos tanto desean».

Esto, amado mío, es lo que significa atraer un poderoso foco de los Maestros Ascendidos entre ustedes. Solamente en la medida en que se abre su Visión Interna para ver y conocer la realidad verdadera, podrán tener un pequeño concepto de la Verdad que he dicho.

Deseo que tu corazón sea llenado de alegría y que trabajes afanosamente por la salud, éxito y prosperidad de los Mensajeros que han sido los canales a través de los cuales este foco de protección ha sido dado. Son muy desafortunados los que critican a los Mensajeros o su trabajo; mejor sería que no hubiesen nacido en esta encarnación.

Amado estudiante, procura sentir, con toda sinceridad, la Realidad y las Bendiciones Infinitas de este trabajo, para que tu mundo pueda obtener el gran premio de esta bendición.

Las palabras son inadecuadas para decirte la plenitud de mi gratitud por tu esfuerzo sincero y afanoso. Tu habilidad y poder para bendecir y prosperar aumentará mientras te adhieras firmemente a y dentro de tu poderosa Presencia *Yo soy.*

Mi amor te envuelve, mi Luz te ilumina y la sabiduría de la poderosa Presencia *Yo soy* te hace prosperar en la plenitud de toda perfección.

El amor de la poderosa Tropa de Maestros Ascendidos, de la Gran Hermandad Blanca y de la Legión de Luz te envuelve siempre.

Yo soy en la Luz.

CAPÍTULO XXX

Plática de Saint Germain en el día de Navidad

Con gran alegría observamos el tremendo logro individual, nacional y cósmico, cuando tenemos el uso de esa Magna Energía y podemos cooperar con aquellas grandes y poderosas Corrientes de Energía Cósmica dirigidas por esa inteligencia grande y sabia. Sabemos que cada paso que damos hacia adelante nos trae más y más cerca a esa poderosa Gloria y Libertad, que muchos están aprendiendo a sentir y a realizar.

Todas las actividades son muy diferentes cuando se trabaja en conjunto con esa Gran Sabiduría Cósmica que ya no está limitada a restringir su poderosa energía debido al libre albedrío del individuo; en este tiempo, las actividades Cósmicas de las naciones son de primera consideración, después viene el individuo.

Antiguamente, ciertas actividades Cósmicas tuvieron que esperar por causa del individuo. Ahora la Gran Rueda Cósmica ha rodado, trayendo conjuntamente todas las actividades nacionales, emocionales y mentales para la Gran Preparación donde cada diente de la rueda tiene que encajar en la Realidad Cósmica.

Como el libre albedrío del individuo todavía limita lo externo, habrá muchos individuos y condiciones que serán como pasados a través de grandes rodillos, para que todas las cualidades indeseables sean presionadas hacia fuera y consumidas por el poder de la Llama dirigida conscientemente.

La poderosa radiación dirigida conscientemente desde el Gran Sol Central por la Gran Tropa de los Maestros Ascendidos, no solamente está teniendo un efecto tremendo en las mentes y sentimientos de la humanidad en la superficie de la Tierra, sino también muy profundamente dentro de la corteza terrestre. Por lo tanto, ha sido posible impedir grandes desastres.

Deseo expresar el gran amor, gratitud y bendición a los muchos estudiantes que han estado proyectando el poderoso amor, sabiduría y poder de la poderosa Presencia *Yo soy* en los mundos mental y emocional, y les aseguro que un trabajo gigantesco ha sido realizado; si la humanidad y los amados estudiantes pudiesen comprender de una vez por todas que toda causa radica dentro del mundo mental y emocional, habrán alcanzado un punto de comprensión en donde sabrán con plena seguridad que la actividad externa de la humanidad tiene que ser corregida para que manifieste el Orden Perfecto, lo que sólo podrá lograrse cuando la única causa (las actividades mentales y emocionales) sean corregidas y dominadas.

Quiero asegurar a aquellos que han tenido la siguiente pregunta en sus mentes: ¿Es realmente verdad que se ha impedido una gran devastación?, que un día ellos verán y sabrán la Verdad de lo que he dicho.

Trescientos años después del Ministerio de Jesús, la humanidad ha vuelto a considerar los efectos en vez de las causas, y por eso no se ha podido dar una asistencia permanente.

Ahora, con la asistencia que la Rueda Cósmica permite, es posible traer otra vez a la conciencia de la humanidad, la necesidad de trabajar por la causa, y por consecuencia el efecto, puesto fuera de circulación, deberá desaparecer.

Es por esto que el conocimiento de las cualidades de la poderosa Presencia *Yo soy* está haciendo que los estudiantes trabajen solamente con la única y poderosa Presencia, cuya *causa* es la Perfección Plena, cosa que están probando muchos de ellos. Cuando tu atención se fije en la poderosa Presencia *Yo soy*, estarás tratando con la única y más poderosa causa, cuya sola y única expresión es la Perfección. Por lo tanto, tu mundo se llena primero con la facilidad y el sosiego y, a través de eso, se comienza a sentir la Gloria de esa poderosa presencia. A medida que ello ocurre, uno se da cuenta que puede alcanzar esta poderosa Presencia conscientemente y liberar una avalancha tan intensa de su poderosa energía, que la del ser humano tiene tiempo solamente de recalificar una parte, con sus limitaciones y disonancias. Por lo tanto, el poder que se requiere para dar prueba eterna al individuo es sostenido. Así, a través del propio esfuerzo autoconsciente del individuo, viene el reconocimiento cada vez mayor de las posibilidades dentro de su captación consciente. Noten que digo *captación consciente*, porque es solamente a través de: primero, el reconocimiento consciente; segundo, la aceptación, y tercero, la aplicación; o, en otras palabras, dirigiendo conscientemente esta poderosa inteligencia y energía pura, que lo externo o lo humano se mantiene lo suficientemente disuelto para que lo externo capte verdaderamente estas poderosas actividades.

¡Oh, qué lástima que la humanidad haya creído por tanto tiempo, y muchos individuos muy sinceramente también, que se puede curar el odio, la condenación y la crítica con esas mismas cualidades! ¡Qué vano y trágico ha sido ese falso concepto! Créeme, ¡oh, hijo de la Luz!, el odio nunca ha curado al odio y nunca lo curará. La condenación y la crítica nunca curaron su igual, porque como les hemos dicho tantas veces: «Aquello en lo que tu atención y visión se fijan, lo estás calificando y forzando dentro de tu mundo a residir y actuar allí».

A pesar de lo que hemos dicho y dictado, muy poco se ha entendido sobre lo mucho que la personalidad está constantemente calificando a la misma atmósfera y condiciones alrededor de ella con las cosas que no quiere, a través de la creencia de que puede continuar teniendo cualquier clase de sentimiento, hablar de palabras de discordia, odio o limitación, y no ser afectado por ello. Este concepto obstinado y falso de la humanidad ha llenado el mundo con toda clase de perturbaciones.

Ahora, esta Poderosa Luz Eterna está siendo liberada para enseñar a la humanidad por qué el mundo externo está tan lleno de tragedias. Si yo les enseñara durante media hora cuánto egoísmo ha sido sacado fuera del mundo mental y emocional de la humanidad, desde que estas clases del *Yo soy* empezaron, casi no podrán creer todo el logro que en tan poco tiempo ha sido posible. Esto hubiese sido imposible a no ser por esta «poderosa radiación eterna de Luz de la Gran Tropa de Maestros Ascendidos, desde el Gran Sol Central, los Maestros de Venus, el Observador Silencioso (Cyclopea) y los Poderosos Dioses de las Montañas».

Todo esto ha hecho posible la realización por la cual la Legión de Luz y la Gran Hermandad Blanca han trabajado durante siglos. Esta labor ha continuado ininterrumpidamente por catorce mil años. Los Grandes Ascendidos vieron la Victoria desde el comienzo; pero tuvieron la paciencia infinita de soportar la indocilidad de la humanidad y esperar siglo tras siglo; y ni aún así se tuvo un solo sentimiento, pensamiento de impaciencia o una idea como ésta: «¿Por qué no cambia la humanidad?». Solamente dentro del circuito del pensamiento humano entran los sentimientos de juzgar y de impaciencia.

Así, ¡oh, amado estudiante de la Luz!, dile a toda apariencia limitadora discordante: «Vete, impotente creación humana. Yo no te conozco, mi mundo está lleno solamente con la inmensa perfección de mi poderosa Presencia *Yo soy*. Yo te quito, apariencia sin sentido, todo poder para dañar o molestar. Yo camino desde ahora en la Luz de la poderosa Presencia *Yo soy*, en donde no hay sombras y estoy libre, por siempre libre».

Yo te digo, ¡oh, amado estudiante!, que no dejes de cargar tu mente, cuerpo, hogar, mundo y actividad con el «Poderoso amor, con la perfección y con la actividad inteligente de tu poderosa Presencia *Yo soy*».

Lanza a través de tu proyección consciente, como un gran cañón, la poderosa Llama Violeta Consumidora, para que consuma todo lo indeseable e imperfecto de tu mundo de actividad. Califica esto conscientemente con el poder pleno del Amor Divino en Acción; entonces ve y siente la gran belleza, felicidad y perfección que experimentarás a medida que avances.

Yo te insto, con toda la esperanza de mi ser, a que cargues todo lo que esté dentro de la actividad de tus pensamientos y sentimientos con amor, opulencia y logro perfecto.

Haz esta calificación con energía dinámica. Pon tras ello un gran sentimiento y seguridad y encontrarás tantos cambios en tu mundo de actividad y ambiente que lo podrás casi comparar con el frotar de la «Lámpara de Aladino».

Cuando llamas a la Poderosa Presencia *Yo soy* a la acción en tu vida, ambiente y actividad, la lucha cesa. Lo indeseable sale y la Presencia *Yo soy* entra, así encontrarás que has penetrado en un nuevo mundo, lleno con la felicidad y la perfección que tú sabías que existía en algún sitio dentro de tu corazón.

Amado mío, no importa lo humilde que tu posición presente parezca ser, llamando tu Presencia *Yo soy* a la acción, podrás transformar todo dentro de tu mundo y llevarlo con la Perfección que desees tener allí.

Muy importante

Entrénate a aquietar lo externo aunque sea cinco minutos, tres veces al día. Al final de esa quietud con toda calma ansiosa de tu Ser, llama a la poderosa Presencia *Yo soy* a la acción, y obtendrás todas las pruebas del mundo que desees de la Presencia, poder y dominio de tu poderoso Yo-Dios.

El amado Maestro Jesús desea que yo extienda su amor y seguridad de que él mandará su esplendor especial a los estudiantes bajo esta radiación durante todo el año. El mandará su mensaje el día de Año Nuevo.

Este es el mensaje de Navidad que la Tropa de los Grandes Maestros Ascendidos, la Legión de Luz, y la Gran Hermandad Blanca te mandan hoy.

Que tu corazón, ¡oh, amado estudiante!, sea llenado con la Presencia eterna del Amor Divino y seas tú, tan cargado con su Presencia Activa, que tu mismo esplendor se vuelva una actividad eterna y consumidora, dejando fuera todo menos la Luz eterna de la Perfección.

Yo cargo el mundo mental-emocional de la humanidad con esa Presencia activa y eterna del Amor Divino, manifestado por doquiera en los corazones y mentes del género humano. En el nombre, poder y amor de esa Luz eterna y perfección del Universo, yo libero la Llama Consumidora y Purificadora y la envío a toda la Tierra, liberando a la humanidad, controlando sus sentimientos y sosteniéndolos en la Presencia Gobernante y perfección del Amor Divino, ahora y por siempre.

Con todo el amor de mi ser.

CAPÍTULO XXXI

Plática de Jesús en el día de Año Nuevo

Mientras desde las Altas Octavas de Luz contemplamos los avances del año pasado y entramos en la octava de actividad humana, vemos y sentimos el gran cambio que se ha producido en un año. Es algo verdaderamente muy alentador que asegura la meta final de la liberación de la humanidad de las cadenas y limitaciones de su propia creación. Después de todo, es una lástima que la humanidad no comprenda que solamente es ella misma la única creadora de la limitación y disonancia que existen.

En otras palabras, a través de la actividad descontrolada de lo externo, las personalidades se permiten recalificar constantemente la Energía Perfecta, la esencia pura de la poderosa Presencia *Yo soy* propia, produciendo todo lo que es indeseable, cuando está dentro de su habilidad el mantenerse armonizado para que la perfección de la inteligencia y la energía fluya a través de la forma humana y no sea recalificada. Por lo tanto, ésta haría siempre su Trabajo Perfecto, no solamente perfeccionando la forma humana, haciendo que ésta exprese la Perfección Divina, sino también dejando que la pureza y la perfección fluyan hacia el mundo del individuo, produciendo esa belleza, armonía y éxito que todo corazón anhela.

Pregunta: *¿Por qué casi todo el mundo desea mayor belleza, perfección y abundancia de toda cosa buena?*

Respuesta: *Porque es un reconocimiento interno del dominio dado por Dios a cada individuo, que todos pueden mantener en cualquier momento. Yo te aseguro, amado hijo de la Luz, que cada individuo puede asegurar su dominio en cualquier momento solamente a través del reconocimiento y aceptación de su propia poderosa Presen-*

cia Yo soy; *esto hace posible que esta fuerte Presencia invencible se vuelva la poderosa inteligencia gobernante.*

Por lo tanto, ¿no ves, pues, que no hay obstrucción para esta poderosa Presencia ni lucha o interferencia de ninguna especie? Es por esto que la vieja afirmación bíblica tan usada: «Aquiétate y reconoce que *Yo soy* Dios», puede ser transformada en un poder dinámico en la vida de uno. Este ser todavía significa el armonizar y aquietar la mente externa. El año pasado dirigimos la atención hacia muchas de las afirmaciones bíblicas, dando más explicaciones sobre el verdadero significado. Este año, esperamos traerles una explicación más completa de todas las afirmaciones *Yo soy* usadas a lo largo de los siglos, para que la humanidad tenga la evidencia ante sus ojos, de la libertad y el dominio que están dentro de su propia aceptación de su propio alcance.

Nos regocijamos y damos gracias porque en este año va a manifestarse un apoyo financiero abundante para este trabajo y así la Luz Ilimitada y las Bendiciones serán traídas a la humanidad. En todas las Edades Doradas pasadas, cuando la Gran Luz de las Octavas Altas descendió a la Tierra envolviendo y disolviendo la creación humana que rodeaba a los individuos, éstos fueron tan capacitados para alcanzar las Altas Octavas, a través de la vista interna, oído y sentimiento, que sabían por experiencia propia la verdadera realidad y que la forma externa era solamente el ropaje de esta sabia y suprema inteligencia que la poderosa Presencia *Yo soy* usó para encontrar expresión en la Octava más densa, a la cual lo humano se había retirado.

Puedes tú, ¡oh, amado estudiante de la Luz!, siquiera por unos instantes, darte cuenta de la gran alegría que esto trae a los corazones de la Tropa de los Maestros Ascendidos, que se han liberado de las mismas limitaciones humanas que tú estás experimentando ahora a través del esfuerzo autoconsciente. De la misma manera que estos amados Mensajeros han conocido con plena seguridad esta Libertad, así un día la humanidad comprenderá que todos pueden hacer el esfuerzo autoconsciente necesario para el reconocimiento y aceptación de esta poderosa Presencia *Yo soy* y obtener esta misma Libertad.

No dejes que ninguno de los amados estudiantes cometa el error de pensar que la poderosa Presencia Yo soy actúa independientemente del esfuerzo propio autoconsciente del individuo. Esto nunca es así y no puede hacerse así. Es verdad que después que el estudiante ha alcanzado un cierto grado de avance, la Ley parece que empieza a actuar casi automáticamente, pero esto es solamente porque un fuerte impulso ha sido establecido alrededor del individuo. Déjame que te aclare ahora que mientras no hayas Ascendido, no cesarás de hacer una aplicación consciente para tu propia Libertad.

Hoy repasaré algunas de estas simples, aunque todopoderosas afirmaciones de la Verdad, porque deseo que cada estudiante bajo esta radiación tenga una copia de esto, para que la lea, por lo menos, una vez al día. A aquellos que hagan esto fervorosa y concienzudamente yo les daré mi propia radiación individual para bendecirlos y asistirlos en su Libertad.

El año pasado se te pidió que cargases tu mente, cuerpo, hogar, mundo y actividad con la perfección de la poderosa Presencia Yo soy. Ahora, con tu permiso, yo te ayudaré y también cargaré tu ser y mundo con esta «Poderosa Perfección y Abundancia».

Yo te ofrezco esta asistencia, ¡oh, amado estudiante! Que ninguno sea tan tonto como para dudar, porque «Yo soy el Cristo de Galilea, a quien tú has conocido por espacio de dos mil años, que te está dictando esta plática, ofreciéndote esta asistencia».

Déjame asegurarte otra vez que este trabajo de Saint Germain y mío es completamente distinto a cualquier otra cosa dada al Mundo Occidental, porque en este trabajo no hay conceptos humanos ni opiniones. Esto no había sido posible anteriormente hasta que la Luz Visible y los Rayos del Sonido pudieran ser establecidos, a través de los cuales podían ser dadas la sabiduría y la instrucción. Si tú, amado mío, como estudiante, puedes darte cuenta de esto, ¡qué grande será tu bendición y beneficio!

La protección que ha sido dada a América y otras partes del mundo, durante los meses pasados, ha trascendido todo lo que yo he conocido en mi experiencia. ¡Oh, si la humanidad pudiese comprender todo esto, con qué agrado y gusto cooperaría ella a todo trance para mantenerlo! Así, esta actividad todopoderosa podría ser aumentada.

Solamente podemos atraer tu atención a la Verdad, hacia la realidad, como nosotros la conocemos. Cuando puedas aceptar esta Verdad plenamente y aplicarla en tu mundo y actividad, obtendrás toda la prueba necesaria en tu propia experiencia para ayudarte a conocer el poder pleno de la Verdad de la cual he hablado. La aceptación de esta Verdad, por parte de los estudiantes, me ayudará a cargar sus conciencias y a llenar sus mundos con la actividad correspondiente. Aquellos que duden deberán esperar, porque la duda y el miedo son las dos puertas que todo ser humano tiene que pasar para conocer y obtener su plena y completa Libertad. La llave que abre estas puertas es el Amor Divino en la propia aceptación de la poderosa Presencia *Yo soy* individual, como la plenitud de este poder del Amor Divino actuando.

La puerta hacia la Séptima Octava de Luz permanece abierta para todos los amados estudiantes bajo esta radiación, para que hagan una aplicación autoconsciente sincera y deseosa. Esto, mis amados hermanos y hermanas, significa su Libertad. Podrán ustedes aferrarse a esto con todo el poder de su conciencia *Yo soy* y ser libres.

A medida que yo estoy dictando estas palabras a los Mensajeros, por medio de amplificadores que el mundo externo todavía no conoce, estas palabras y radiación están llenando el mundo mental y sensorial de la humanidad que comenzará a actuar inmediatamente. Cuando los estudiantes e individuos tengan contacto con estas palabras, de vez en cuando encontrarán una respuesta inmediata que los ayudará a sentir la Verdad y la realidad de lo que hablo.

¡Oh!, esta humanidad que a través de los servicios religiosos de las iglesias está reconociendo mi Ascensión, ¿por qué no puede sentir la verdadera realidad y saber que en mi cuerpo luminoso, eterno, ascendido yo puedo y alcanzo a todos aquellos que abran sus corazones hacia mí? ¡Oh, hijo de la Tierra!, aprende a juntar tu sentimiento de la Verdad con el reconocimiento de la Verdad que tú deseas manifestar en tu vida. Entonces, estarás capacitado para alcanzar cualquier altura del avance en tu búsqueda de la Libertad.

«Yo soy la puerta abierta que ningún hombre puede cerrar.»

Tu poderosa Presencia Yo soy es la Verdad, el camino y la vida.

Tu poderosa Presencia Yo soy es la Luz que ilumina a todo hombre que viene al mundo.

Tu poderosa Presencia Yo soy es la Luz, es la inteligencia que te dirige, es tu energía inagotable sostenedora.

Tu poderosa Presencia Yo soy es la voz de la Verdad hablando dentro de tu corazón, es la Luz que te envuelve en su Presencia Luminosa, es tu eterno Cinturón de protección a través del cual ninguna creación humana puede pasar. Es tu eterno depósito de energía inagotable que puede ser liberada cuando desees a través de tu descarga consciente.

Tu poderosa Presencia Yo soy es la fuente de la eterna juventud y belleza, la cual llamas a la acción y expresión en tu forma humana.

Tu poderosa Presencia Yo soy es la Resurrección y la Vida de tu cuerpo, de tu mundo de acción, en esa perfección que todo corazón humano tanto desea.

Escucha, ¡oh, amado estudiante de la Luz!, cuando estás diciendo estas afirmaciones y Yo soy diciéndolas por ti, ¿no ves que no solamente lo estamos haciendo por nosotros mismos, sino también para el resto de la humanidad? ¿Que cuando estás decretando algo acerca y a través del Yo soy, lo estás haciendo por toda la humanidad al igual que para ti? Así es como la aplicación y expresión del Yo soy se vuelve tan poderosa e inagotable en su actividad y actúa por siempre más allá del reino del egoísmo humano. ¿Por qué? Porque tú estás pidiendo para todos los hijos de Dios la misma Perfección que estás llamando a la acción para ti mismo.

Esto es posible solamente en el uso de las afirmaciones y aplicación del Yo soy, porque el actuar dentro de la Presencia Yo *soy* los lleva, instantáneamente, fuera de la actividad donde hay egoísmo humano. Esta es la razón por la cual el estudiante sincero y deseoso que retire toda duda y miedo se encontrará actuando dentro de una esfera de actividad positiva y definida que no conoce retraso o ausencia de éxito en cosa alguna. Por lo tanto, ¡oh, amado!, ¿no ves cómo estás actuando dentro de un mundo de infalibilidad, en donde tus decretos capacitarán el pleno poder del Yo *soy* para moverte a la acción, causando que toda la inarmonía y limitación humana se vayan?

Ahora te diré el decreto que la Tropa de Maestros Ascendidos y estudiantes hicieron anoche en el Tetón Real: «La Libertad, salud, prosperidad y acción armoniosa se derramarán sobre el Mundo, como nunca antes se había experimentado en la Tierra».

Los estudiantes que se unan a nosotros, usando este decreto, darán un servicio que los bendecirá a lo largo de los tiempos. Solamente porque América es la copa, el Santo Grial, hablamos primero de ella siempre. Todos deberán saber sin duda alguna que lo que bendice a América, bendice al mundo.

Una actividad, una radiación, como nunca había sido conocida desde la cumbre de la última Era Dorada de Atlántida, fue enviada desde el Cónclave en el Tetón Real, cuya descripción Saint Germain os dará después.

La plenitud de mi amor, luz y bendición te dejo, a ti y a toda la humanidad, para que la Luz dentro de tu corazón sea tan acelerada que no conozcas más limitaciones de especie alguna, y para que esa luz se vuelva tan poderosa que solamente su radiación consuma toda la creación humana acumulada en el pasado o presente, liberando a todos por siempre.

Mi amor los envuelve a todos por siempre.

CAPÍTULO XXXII

Yo te sugiero que cada día pienses que eres una estación de radio emitiendo paz y buena voluntad a toda la humanidad. Debes saber que en esta poderosa conciencia, el poder ilimitado de la poderosa Presencia Yo soy fluye hacia cada individuo dándole aquello que esté listo a recibir, trayendo instrucción y decisión a todos. Debes estar consciente de que tu mente es un Centro Divino tan poderoso que, en cualquier momento, puedes tomar decisiones rápidas y acertadas a través del poder del Amor Divino. Reconoce que tu mente es solamente un vehículo de la Gran Presencia Maestra de la poderosa Presencia Yo soy dentro de ti y que tienes que obedecer a la Presencia Interna en todo momento. Ordénale que actúe siempre con decisión, atención y rapidez, y que todo sentido de incertidumbre humana sea consumido para siempre.

El Nuevo Ciclo

Hoy es el punto focal de diez mil años, el principio de otro ciclo de diez mil años en el cual los Maestros de Venus, quienes siempre han sido un instrumento en la elevación de la humanidad en nuestra Tierra, están presentes en este día, mandándole a toda la humanidad una poderosa radiación. Esto traerá más rápidamente una estabilidad y confianza mayores en los corazones de muchos dirigentes públicos, y hará que tengan un fuerte deseo de restablecer en el mundo la confianza y la prosperidad, y hará que ellos sientan un amor más profundo y lealtad para su progreso como nunca lo hubo antes. Muchos habrán aprendido que no pueden gobernar a la humanidad con una mano de hierro, porque están viendo que el control que tanto han deseado ganar sobre otros, está devolviéndose hacia ellos mismos para su redención. Si esta lección puede ser grabada en ellos lo suficiente, se impedirá una gran calamidad. En este periodo de aceleración se puede hacer en veinte años cosas que en otros tiempos hubiesen tomado cien.

Descripción del cónclave de Año Nuevo en el Tetón Real por Saint Germain, 1° de enero de 1935

Con gran alegría les contaré brevemente algo de la actividad que se desarrolló anoche en el Tetón Real. Doscientos catorce Maestros Ascendidos estaban presentes y los doce de Venus. El Ojo Avizor tenía la acción más poderosa hasta hoy conocida.

Grandes Rayos de Luz fueron hechos permanentes en las principales ciudades de Europa, India, China, Japón, Australia, Nueva Zelanda, África y en las tres Américas.

Se estableció también una actividad similar o radiación desde la Ciudad Dorada y Shamballa, instituyendo una actividad triple para bendición de la humanidad. Se está haciendo todo el esfuerzo posible para impedir, en lo posible, toda actividad destructiva en el mundo.

La actividad de los tres meses pasados ha sido tremendamente alentadora y tenemos gran esperanza para este año. Como respetamos siempre el libre albedrío de la humanidad, solamente podemos confiar en su cooperación armoniosa con la radiación consciente que es enviada por la ya mencionada actividad triple.

Hubo emanaciones de Luz dirigidas por el Alto Maestro de Venus, Jesús y el Gran Director Divino, como nunca había visto antes en mi experiencia.

Los que han estado al tanto de mis esfuerzos sinceros para la bendición de las Américas, ahora se han unido a mí con todo el poder, para lograr lo más posible que la Ley Cósmica y la Ley del Individuo lo permitan. Las Leyes Cósmicas están dando cada día más libertad de actuación a esta actividad, lo cual nos alienta muchísimo.

Muchos estudiantes estuvieron presentes anoche, por lo cual estoy muy agradecido. Hay muchos detalles de la actividad que no puedo revelar en este momento; pero les aseguro a todos que fue una maravilla más allá de toda descripción.

La Gran Tropa de Maestros Ascendidos se une a mí en amor, Luz, bendición y opulencia para con los estudiantes y el Mundo, y que este año no tenga paralelo en cuanto a su felicidad para la humanidad.

En la plenitud de mi amor, Saint Germain.

El libro de oro, de Saint Germain,
fue impreso y terminado en abril de 2015
en Encuadernaciones Maguntis, Iztapalapa,
México, D. F. Teléfono: 5640 9062.